AF465527

[illegible]MI ET ÉDOU[illegible]

[illegible]OIS-SAINT-MAU[illegible]

[illegible]MPLES SOUVENIRS

Colligite fragmenta ne pereant.
(Joan. vi.)

Tu dux ad astra et semita,
Sis meta nostris cordibus,
Sis lacrymarum gaudium,
Sis dulce vitæ præmium.
(*Hymne de l'Ascension.*)

TOURS

[illegible]IMPRIMERIE A. MAME [illegible]

1885

NOÉMI ET ÉDOUARD

FRANÇOIS-SAINT-MAUR

AVIS

Je supplie les personnes sous les yeux desquelles tombera cet écrit de vouloir bien se rappeler qu'il n'a pas été fait pour être publié, mais seulement pour mieux faire connaître et aimer ceux dont il rappelle le souvenir.

NOÉMI ET ÉDOUARD
FRANÇOIS-SAINT-MAUR

SIMPLES SOUVENIRS

Colligite fragmenta ne pereant...
(*Joan.* VI)

Tu dux ad astra et semita,
Sis meta nostris cordibus,
Sis lacrymarum gaudium,
Sis dulce vitæ præmium.
(*Hymne de l'Ascension.*)

TOURS

IMPRIMERIE A. MAME ET FILS

1885

AVANT-PROPOS

Trois fois déjà la main de Dieu s'était appesantie sur moi. Le 13 mars 1879, mon fils aîné m'était ravi dans tout l'éclat de son épanouissement intellectuel et moral; il avait vingt-trois ans. Quatre ans après, en mars et en novembre 1883, sa sœur et son frère succombaient à leur tour. Ces pertes douloureuses ainsi accumulées ne devaient pas être les dernières. L'année 1884 ne s'était pas écoulée, que la mère était allée rejoindre ses enfants et recevoir, elle aussi, j'en ai le ferme espoir, l'éternelle et suprême récompense.

Je recueillais pieusement les souvenirs d'Édouard et de Noémi lorsque cette nouvelle épreuve est venue m'accabler.

Je ne veux pas cependant abandonner mon œuvre de piété paternelle, et je réunis ici quelques témoignages des qualités et de la vertu de ces enfants, vraiment dignes de leur aîné.

A tous égards les morts vont vite, et dans ce monde indifférent et frivole, l'oubli ne tarde pas à les dérober à l'esprit et au cœur du plus grand nombre.

Qu'il n'en soit pas ainsi pour ces êtres chéris sitôt moissonnés; qu'un modeste monument leur soit du moins élevé; que ceux qui les ont aimés y retrouvent leurs traits; que leur souvenir ne périsse pas avec eux; qu'une pauvre mais durable couronne soit déposée sur leurs tombes par le témoin de leur sainte vie, par leur malheureux père, qui, privé de leur amour, les pleurera jusqu'au jour où Dieu, dans sa miséricordieuse bonté, les lui rendra pour l'éternité!

E. M. FRANÇOIS-SAINT-MAUR.

Juin 1885.

NOÉMI

1862-1883

Discite a me quia mitis
sum et humilis corde.

Ma fille Noémi est née à Pau, peu de temps après mon retour en cette ville[1], le 21 juillet 1862, en la fête de sainte Praxède[2] : elle a été tenue sur les fonts du baptême par le frère de sa mère, Charles de la Giraudais, et par sa grand'tante, sœur de ma mère, la maréchale marquise de Grouchy, qui lui donna le nom de sa fille unique, enlevée à l'âge de treize ans, le 10 février 1843.

Je ne dirai rien de son enfance, qui s'est écoulée sans aucun fait à noter. Ceux qui l'ont connue pourraient attester que, dès ses plus jeunes années, elle a manifesté les qualités touchantes qui n'ont fait que se développer, grandir et s'affirmer pendant sa trop courte existence. Sa piété, sa douceur, sa pureté, étaient vraiment angéliques; ses frères, ses sœurs, tous les membres de sa famille en étaient frappés, et lorsqu'après la première éducation ma-

[1] Nous revenions de Poitiers, où j'avais passé quatre années comme avocat général près la cour.

[2] Sa sœur aînée, Marie, était née un 19 mai, fête de sainte Pudentienne; nous n'avons eu garde d'oublier cette circonstance lors de notre voyage à Rome.

ternelle nous la confiâmes, comme sa sœur, aux soins intelligents et dévoués des religieuses du monastère de Sainte-Ursule de Pau, elle ne tarda pas à y prendre une place particulière. Ses compagnes, comme ses maîtresses, reconnaissaient en elle quelque chose de spécial, qui donnait à sa piété plus d'onction, à son amour du devoir plus de force, à ses relations un charme d'autant plus remarquable qu'il s'exerçait à son insu, car sa modestie et son humilité étaient extrêmes, et elle s'effarouchait de tout ce qui aurait pu y porter la moindre atteinte. On la donnait comme exemple à ses compagnes, et elles admèttaient si bien sa supériorité que, dans toutes les petites circonstances de la vie intérieure du couvent, elles s'empressaient de lui témoigner leur affectueuse estime.

Il en était de même dans la famille, et souvent cette piété si pure, cette douceur si constante, avaient été mises à l'épreuve par les espiègleries ou les taquineries enfantines. Noèmi, un peu naïve, souriait, s'étonnait, mais jamais ne témoignait ni la moindre mauvaise humeur, ni la moindre impatience. On s'en amusait; elle prenait part à la gaieté générale, et riait avec les autres des plaisanteries dont elle était l'objet.

Sa piété, du reste, n'était ni triste, ni sombre, ni farouche. Elle était gaie, et cette gaieté avait même quelquefois une légère pointe de douce malice. Mais jamais rien n'y porta atteinte, et tous ses devoirs, les plus rigoureux comme les plus faciles, furent par elle toujours et si religieusement accomplis qu'elle put, à son lit de mort, se rendre ce témoignage devant Dieu, qui allait la juger, qu'elle ne l'avait jamais mortellement offensé.

Ainsi se passèrent à Pau, en Bretagne, dans sa famille ou au couvent, ces années d'enfance et d'adolescence qui s'écoulèrent si vite, pleines de charmes et douces pour nous qui ne prévoyions pas le terme prochain, prématuré, inexorablement fixé d'une vie commençant à peine, et dont plus tard nous espérions voir le développement dans une voie longue et pénible sans doute, mais qui nous semblait tracée par Dieu. Il en devait être autrement, et les desseins de la Providence sur cette âme d'élite nous étaient absolument cachés. Combien de fois n'ai-je pas eu à dire (s'il m'est permis de parler de moi) : *O altitudo... quam incomprehensibilia.* . et le reste !...

Rien, au surplus, dans la vie, les habitudes, les propos de Noémi ne nous permettait de soupçonner une vocation religieuse, et je nourrissais, pour ce qui me concerne, d'étranges illusions sur son avenir. Je n'avais su voir dans son profond amour de Dieu, dans sa grande charité pour les pauvres, les faibles, les délaissés, les malheureux; dans l'accomplissement calme et régulier de ses devoirs religieux, d'autres indices que ceux d'une âme profondément pieuse et charitable, destinée à rester telle dans le monde. Aussi, lorsque l'éducation et l'instruction de Noémi furent terminées, je fus un peu surpris de lui voir manifester l'intention et même la résolution arrêtée de se présenter aux examens pour l'obtention du brevet élémentaire. Je ne me rendais pas bien compte du but vers lequel elle tendait. On ne pouvait, en effet, songer qu'elle obéît à un sentiment d'amour-propre ou de vanité quelconque: un semblable mobile était loin de sa pensée. D'un autre côté, tout en ayant toujours parfaitement fait ses études et en travaillant avec une régularité exemplaire, elle ne paraissait pas emportée par un amour immodéré de la science mondaine et universitaire; sa réserve l'éloignait de ces épreuves souvent assez singulièrement conduites, et elle ne visait pas aux honneurs du brevet supérieur. Les succès qu'elle avait toujours remportés dans ses classes n'avaient pu lui faire prendre le change; ils étaient dus surtout à des études soutenues avec courage, une conduite parfaite, et l'exact et constant accomplissement de la loi du travail [1].

Plus tard, nous devions avoir l'explication qui nous fuyait alors, et y trouver une nouvelle preuve de la vertu de cette chère enfant. C'était l'époque où les exigences de la *science* officielle et administrative s'affirmaient dans des circonstances et des

[1] Ces succès furent, je dois le dire, souvent brillants, et je me souviens qu'un jour de distribution, en les entendant proclamer, un vénérable ecclesiastique se tourna vers moi et me dit : « Vous êtes un heureux père. » Hélas!... pas plus que moi, il ne prévoyait l'avenir.

conditions, avec des intentions que l'on sait, et qui ne se sont que trop dévoilées depuis : l'enseignement religieux, l'éducation chrétienne étaient véritablement traqués. Noémi avait un double but; elle voulait d'abord témoigner sa reconnaissance aux religieuses qui l'avaient élevée, et démontrer la valeur de leur enseignement; elle voulait surtout se mettre en situation de rendre les services auxquels elle désirait dévouer sa vie, et qu'on ne pût l'empêcher de distribuer aux malheureux et aux pauvres, avec le pain de l'existence matérielle, celui de l'enseignement chrétien:

Elle devait trouver dans la recherche de ce but, que nous ignorions, l'occasion d'avancer dans la pratique des vertus chrétiennes, où elle marchait à grands pas. Sa fermeté et son humilité s'y manifestèrent.

Elle se mit au travail avec une ardeur et une exactitude que rien ne put détourner. Lorsqu'on la crut suffisamment préparée (ne l'était-elle pas déjà par plusieurs années d'éducation supérieure ?), elle affronta l'épreuve. C'en était vraiment une pour elle, timide et aimant à se cacher : elle échoua (mars 1880). Ce fut un vrai désappointement, accepté avec résignation. Il fallut se remettre au travail. Noémi le fit avec une ardeur nouvelle. Elle était soutenue par le but qu'elle entrevoyait. Six mois s'écoulèrent : elle affronta de nouveau l'épreuve. Nouvel échec (juillet 1880). Celui-ci fut plus dur à supporter, et cependant Noémi n'en mur-

mura pas. Elle avait fait tout ce qu'il lui était possible de faire, et deux fois elle avait vu ses efforts aboutir à un insuccès. D'autres y eussent trouvé une véritable humiliation; son humilité n'en fut pas émue. Mais elle avait ressenti un vif chagrin, non pour elle (la pauvre enfant n'eut pas un mot de reproche), mais à cause des religieuses ses maîtresses, à l'enseignement desquelles elle craignait qu'on n'imputât son double échec[1]. Elle se borna, sans la moindre récrimination, à soulager son chagrin par des larmes. Mais il y avait dans ce double échec survenu à Pau, dans les conditions que j'ai dites, quelque chose de si extraordinaire, que lorsque, après quelques jours seulement de repos, Noémi me déclara son intention de persister et m'apprit, avec une douce insistance, qu'elle désirerait se présenter, non plus devant le jury des Basses-Pyrénées, mais devant celui de la Seine, qui tenait une session prochaine, je ne crus pas devoir m'opposer à ce désir. Elle se remit courageusement au travail; elle y consacra avec énergie l'époque (si peu propice) des vacances, et en octobre sa mère l'accompagna à Paris. Cette fois, et dans un autre milieu, sa persévérance fut enfin couronnée de succès, et elle fut admise et complimentée par le jury de Paris (octobre 1880). Noémi accepta le succès comme elle avait accepté

[1] Nous retrouverons ce sentiment délicat chez Édouard, dans une circonstance analogue.

l'échec; et, une fois en possession de ce brevet si vivement désiré, si péniblement obtenu, et qui devait être si inutile, elle rentra tranquillement dans sa famille, qui n'avait plus à jouir longtemps de sa présence.

C'est alors, en effet, que je reçus les premières communications relatives à une vocation que je ne soupçonnais pas, et à laquelle j'eus d'abord peine à croire, tant j'y étais peu préparé.

Je n'analyserai pas ici les émotions que je ressentis: ce n'est pas de moi qu'il s'agit dans ces pages.

Plusieurs mois s'écoulèrent: mois d'épreuves, mois d'indécisions pour nous qui cherchions la lumière, mois d'investigations, de conseils et de délibérations. Enfin notre sort fut fixé, et il fallut se résigner.

Mais avant d'aborder ce moment suprême de la séparation, il me faut dire quelques mots très brefs et très simples de ce qui s'était produit dans l'intervalle de ces années, si remplies pour moi d'événements graves et douloureux.

Le 13 mars 1879, mon fils aîné nous avait été ravi. Une main amie a retracé la vie si remplie, bien que si courte, et recueilli quelques-unes des œuvres de cette âme d'élite[1]. Je ne reviendrai pas sur ce déchirant sujet.

Autant que nous, Noémi subit cette torture, et

[1] *Poésies, journal, lettres de René François-Saint-Maur*, avec une notice par Jules Auffray. (V. Lecoffre, Paris, 1881.)

j'ai trouvé, après sa mort, le cahier dans lequel elle a retracé toutes les phases si douloureuses de la dernière maladie et de la mort d'un frère tendrement aimé. Ces enfants avaient tous les uns pour les autres la plus vive affection, et cette première rupture du lien familial fut pour eux une cruelle, une bien cruelle et précoce révélation des inénarrables douleurs de la vie humaine.

L'année suivante mourait mon beau-père. Sa fille et moi, à la réception des alarmantes nouvelles venant de Nantes, partîmes à la hâte, accompagnés de ma fille Marie; mais il fallut laisser Charles, et nous crûmes devoir aussi (peut-être à tort) laisser avec lui Noémi. L'extrême délicatesse de conscience, l'exquise sensibilité de celle-ci furent mises à une dure épreuve par cette décision, et les lettres qu'elle écrivit alors donneront une idée de ce qu'était l'âme de cette enfant. Nous en transcrivons ici quelques fragments.

« Pau, 30 mai 1880.

« Ma chère Maman,

« Je voudrais bien être à Nantes avec vous tous; je suis bien triste d'être ici sans nouvelles; si Marie peut m'écrire, qu'elle le fasse, car je pense que toi, ma pauvre maman, tu n'en as pas le temps. La lettre de Louise, reçue hier, nous explique comment grand-père a dû être si vite enlevé; mais je voudrais bien ne pas être à deux cents lieues... »

« 30 mai, soir.

« MA CHÈRE MAMAN,

« Je te remercie beaucoup de ta lettre; je l'attendais avec impatience; je vois que grand-père s'est éteint doucement et saintement; c'est notre consolation... Je vais te dire ce que j'ai fait depuis ce matin... Je me sens seule, et je suis heureuse quand je t'écris... Édouard est-il avec vous? Combien je voudrais y être! Il me tarde de t'embrasser, ma chère maman; on m'a dit au couvent qu'on prierait pour grand-père... »

« Lundi, 31 mai.

« MA CHÈRE MAMAN,

« C'est maintenant l'heure de l'enterrement de grand-père, et je ne suis pas avec vous! La dépêche de papa m'apprend qu'Édouard est avec vous; vous êtes donc tous réunis, *tous*, sauf moi et Charles. Oh! ma chère maman, pourquoi nous as-tu laissés? Enfin j'espère que le sacrifice que je fais pourra être utile à grand-père, s'il en a besoin. Mais c'est bien pénible, je te l'assure, de ne pas être avec vous, d'être triste et de n'avoir personne qui soit comme moi. Je ne me plains pas, ma chère maman, mais je dis ce que j'éprouve, et je suis heureuse de pouvoir te l'écrire. Que papa ne se presse pas à cause de nous : nous allons très bien et sommes bien entourés. Hier au soir, j'ai été au cimetière... »

« Pau, 2 juin 1880.

« Ma chère Maman,

« Je te remercie beaucoup de ta lettre; je suis bien contente que papa revienne, mais il me tarde beaucoup de te revoir. Pendant la journée, je suis très occupée; mais c'est le soir que je suis triste... Tout le monde est très bon pour nous; Charles est très sage... »

C'est au cours de 1881 que la vocation de Noémi se dessina d'une façon définitive. Depuis plusieurs mois elle se mûrissait lentement et se développait en s'affermissant. Ce n'était pas vers le cloître que se dirigeait notre chère enfant; la vie recluse ne lui souriait pas. Mais l'amour de Notre-Seigneur dans ses pauvres lui avait montré sa voie, et c'est dans la grande armée de saint Vincent de Paul qu'elle voulut s'engager. Ses premières communications m'émurent, on le comprendra, et même dans une certaine mesure m'effrayèrent. Les devoirs des parents sont, je le savais, tracés en semblable occurrence; mais entre les règles théoriques et leur mise en pratique, entre les principes et leur application, que de nuances! que de difficultés! que d'embarras! que d'hésitations! que d'incertitudes! que de déchirements! que d'angoisses!

J'ai passé par là...; je n'en parlerai pas. Il fallait éprouver ces désirs, soumettre cette vocation à un noviciat mondain, avant le noviciat proprement dit. C'est ce qui fut fait, et il est superflu d'entrer à cet égard dans des détails multipliés. Plusieurs mois s'écoulèrent : Noémi allait fréquemment passer des journées à l'hôpital pour essayer ses forces et tenter ses résolutions. Toujours elle s'était sentie portée vers la souffrance et la faiblesse; les petits, les humbles, les déshérités du monde l'attiraient, et toute jeune encore elle réussissait près d'eux; elle disait en plaisantant que les *idiots* l'aimaient. C'était vrai; mais ils n'étaient pas seuls. Était-ce sa douceur, sa patience, sa commisération, sa tendresse? Peut-être : peut-être aussi quelque chose de plus, et comme une émanation de la charité chrétienne, comme les effluves du dévouement. On l'aimait réellement dans ce monde si digne de commisération; on s'y sentait aimé par elle, et lorsque plus tard, après son noviciat de Pau, elle partit pour le séminaire, les petites orphelines demandaient quand reviendrait *la demoiselle*. Elle devait revenir, en effet, à ces pauvres enfants, et bien plus tôt, hélas! qu'on n'avait lieu de le penser.

Avant l'entrée au noviciat, on prolongea encore les épreuves, pour satisfaire aux exigences de la prudence, au double point de vue physique et moral.

La santé de Noémi, sans être robuste, n'avait jamais donné d'inquiétude; elle avait eu souvent à souffrir de l'estomac, et il lui fallait user de quelques précautions pour l'alimentation; jamais, du côté de la poitrine, on n'avait eu de préoccupations. On consulta; les opinions médicales furent favorables, et les autorisations nécessaires accordées.

Mais il était un préalable important et grave que Noémi voulut accomplir. Elle manifesta le désir d'accomplir le pèlerinage de Rome et de solliciter la bénédiction du Saint-Père. Ces souhaits furent accueillis, et après avoir mûri ce projet, en mars 1882, je partais avec elle et Marie. Je n'aurai garde de raconter ce voyage, qui fut pour nous la source de tant d'émotions et de grâces. Je me bornerai à dire que nous fûmes assez heureux pour atteindre le but vers lequel nous tendions. On nous avait, à notre arrivée, un peu découragés en nous racontant les difficultés, les impossibilités même de parvenir aux pieds de Sa Sainteté. Les audiences officielles, des travaux, les préoccupations accumulées (*sollicitudo omnium ecclesiarum*...) avaient contraint le pape à refuser ou à ajourner indéfiniment les réceptions privées. Nous attendions avec résignation et patience, mais non sans espoir. Cet espoir fut comblé. Grâce à la bienveillante recommandation de Mgr de Bayonne et de Mgr Mermillod, grâce à l'appui de Mgr Boccali et de Mgr Macchi, nous eûmes d'abord le bonheur de voir le pape et d'assister à sa messe dans la salle du Consistoire. Une faveur plus grande nous était réservée, et le 11 avril Sa Sainteté daigna nous recevoir en audience privée. Noémi était arrivée à ses fins, car elle allait recevoir la bénédiction du père commun des fidèles. Je ne dirai de cette audience que ce qui a trait à notre chère enfant. Instruit du but principal de notre voyage et des projets prochains de Noémi, Léon XIII daigna lui accorder une bénédiction toute spéciale : il s'informa du choix qu'elle allait faire, et apprenant qu'elle allait prendre l'habit de saint Vincent de Paul : « C'est un grand saint, » dit-il[1].

[1] Je trouve dans mon carnet de voyage quelques notes sur cette audience; je me permets de les insérer ici :

C'est le mardi de Pâques, 11 avril 1882, que nous avons eu le bonheur d'être reçus en audience privée par Sa Sainteté Léon XIII. A dix heures trente-cinq nous étions au Vatican. On nous a introduits dans la grande salle faisant l'encoignure du palais, et où se trouvaient les gendarmes pontificaux. Vers onze heures un quart, un chambellan (après nous avoir cherché dans les premières salles où les personnes qui devaient être admises s'étaient placées) nous a appelés. Nous avons traversé trois salles. Arrivés à la dernière, nous avons attendu quelques instants; puis la porte de droite s'est ouverte, et nous avons aperçu le Saint-Père debout, venant vers nous, m'appelant par mon nom. Nous nous sommes agenouillés, puis relevés : ces demoiselles se tenant debout un peu loin, Sa Sainteté leur a dit : *Venite, filiolæ...*, nous a indiqué des sièges, s'est assise au milieu, m'a fait asseoir à sa droite, Marie,

Enfin, et pour mettre le comble à ses bontés, notre Saint-Père le pape autorisa mes filles, leurs compagnes et moi, à venir le dimanche du Bon-Pasteur assister à la messe dans sa chapelle privée, et communier de sa main.

Notre pèlerinage était accompli; nous dîmes adieu à la Ville éternelle, après un séjour d'environ un mois. J'avais pu montrer à mes filles ses grandeurs, et nous nous étions agenouillés dans ses principaux sanctuaires: Saint-Pierre, Saint-Paul, Sainte-Marie-Majeure, Saint-Jean-de-Latran, Saint-

Noémi et Mlles de Salinis, à gauche. Sa Sainteté nous a parlé de Bayonne, de Monseigneur, de sa lettre, de notre séjour, a demandé les noms. J'ai dit au Saint-Père le but de notre voyage : il a fait alors approcher Noémi, qui s'est agenouillée devant lui. Sa Sainteté lui a pris la tête entre ses mains et l'a bénie; à ce moment, Noémi, vivement émue, n'a pu retenir ses larmes. Léon XIII ayant demandé dans quel ordre elle allait entrer, a fait un grand éloge de saint Vincent de Paul et de la congrégation des Filles de la Charité; puis a parlé de Rome, de ses grands souvenirs, des catacombes, des sanctuaires des saints, du Pape, *que nous étions venus voir...* Marie a demandé sa bénédiction pour sa mère, *pour maman.* — *Ah! pour maman*, a dit en souriant le Saint-Père, *je vous l'accorde;* et il a daigné ajouter: *Je vous bénis, vous et vos familles.* Mlles de Salinis ont fait leurs demandes, qui ont été octroyées.

Nous nous sommes alors retirés; près de la porte, nous nous sommes mis à genoux, et le Saint-Père nous a encore bénis.

J'avais (sur le conseil qui m'en avait été donné, et encouragé par l'extrême bonté de sa sainteté) sollicité la faveur d'assister à sa messe dans sa chapelle privée et y recevoir la communion : « Eh bien, me dit-elle, venez dimanche de Quasimodo; dites-le à Macchi... » C'est seulement le dimanche du Bon-Pasteur que nous avons profité de cette faveur, remise par suite d'empêchement.

(Rome, avril 1882.)

Laurent, Sainte-Marie-au-Transtévère, Sainte-Agnès, Sainte-Cécile, Saint-Pierre-aux-Liens, et tant d'autres sanctuaires plus humbles, où nous avons répandu nos larmes et nos prières. Nous ne vous oublierons pas, sainte Praxède et sainte Pudentienne, où mes filles ont prié leurs patronnes de naissance; ni vous, saint André *delle Fratte*, notre paroisse; ni vous, églises modestes et touchantes de Sainte-Marie-de-la-Consolation, de Lorette, des Miracles, de la Paix, de Saint-Eustache; ni vous, église française de Saint-Louis, qui nous rappelait tant de souvenirs et nous était chère à tant de titres; ni vous surtout, chapelle de la prison mamertine, où l'aimable abbé Chesnelong nous dit la messe; ni vous, crypte de la confession de Saint-Pierre, où Mgr de Bayonne nous admit avec lui; ni vous, nombreuses chapelles où quelquefois, las des grandeurs que nous avions vues, nous nous arrêtions seulement pour prier. Mais je sens que je me laisserais entraîner: ô Rome, ô grands et saints souvenirs, séjour béni qu'on ne peut oublier! C'étaient quelques beaux jours entre les douleurs du passé et celles de l'avenir!...

Nous étions de retour à Pau le 1er mai.

Vingt jours après, le 20 mai 1882, il fallut consommer le grand sacrifice! Je ne crois pas avoir, même au moment du dernier adieu, ressenti une émotion plus poignante que celle qui s'empara de moi lorsque je vis ma chère enfant nous quitter pour toujours. Elle, calme et résolue, munie seulement d'un petit paquet, quitta cet appartement où elle était née, et où elle ne devait plus rentrer; et, dominant une émotion profonde, mais contenue, elle partit.

Nous la conduisîmes à l'hôpital, et là nous la remîmes entre les mains de Mme la supérieure, puis il fallut se séparer. A ce moment, les forces nous abandonnèrent, et nous fondîmes tous en larmes... Après les derniers embrassements, nous nous arrachâmes de ce lieu douloureux; et, tristes et affaissés, nous remontâmes seuls cet escalier que nous devions descendre plus tard pour d'autres et cruelles douleurs.

Cette journée restera comme une des plus pénibles et des plus douloureuses d'une existence où j'en compte cependant beaucoup!... J'avais fait mon devoir; il fallait se résigner, se confier à Dieu, et espérer en lui[1].

[1] ... Je comprends, m'écrivait à ce sujet mon cousin Martial Delpit, le déchirement de cœur que vous cause le départ de votre chère Noémi; mais ce qu'elle fait est si beau, *la grande armée* dans laquelle elle s'engage est si vaillante, si méritoire, j'ai presque dit si illustre, qu'il y a là, pour votre cœur paternel, une consolation; et puis, l'avenir assuré à tout jamais! J'ai pour l'armée de saint Vincent, de M. Vincent, comme on disait au grand siècle, une admiration sans bornes. La blanche cornette des filles de la Charité ne peut se montrer sans m'inspirer des sentiments de respect et de sympathie que je n'éprouve pas au même degré pour les autres ordres. Que sera-ce quand je rencontrerai ma chère cousine? J'ai beaucoup vu autrefois et beaucoup aimé le P. Étienne; c'était un supérieur digne de l'ordre. Sa piété était douce, son esprit gai et charmant, son instruction prodigieuse. C'était l'homme le mieux informé de France de tout ce qui se passait à l'étranger. Nos ministres des affaires étrangères d'alors avaient la bonne habitude de le consulter...

Le postulat de Noémi était commencé; il devait durer plusieurs mois. On lui confia spécialement les petites orphelines, et elle commença sa vie de dévouement et d'abnégation.

Rien de notable ne se produisit, car je n'ai pas à parler de sa vie intérieure et spirituelle. Je n'ai pas qualité pour cela. Sa santé se maintenait. Cependant, pour l'affermir, notre docteur lui imposa une saison aux Eaux-Chaudes. Bien que cela la contrariât, puisque cela pouvait retarder son départ pour le séminaire, elle se soumit à cette mesure avec sa docilité et sa douceur habituelles.

Voici quelques fragments de lettres qui diront la candeur de ses sentiments.

« Eaux-Chaudes, 1er août 1882.

« Je profite de notre petite soirée, mon cher papa, pour t'écrire un peu... Nous avons attendu l'arrivée du facteur qui nous a apporté vos lettres; à l'heure qu'il est, nos voyageurs sont arrivés à Nantes, tu as peut-être même déjà de leurs nouvelles; nous, nous les attendons demain...

« Ma tante de Grouchy est partie ce matin; la maison est bien vide; ce qui me manque surtout c'est Marie; je crois que toutes les deux nous serions volontiers restées ensemble. Mais c'est toi, mon cher papa, qui es maintenant bien seul à Pau; je n'ose pas te demander de venir nous voir, craignant de te contrarier ; une petite visite pourtant, ce n'est pas bien long...

« Nous avons rencontré le R. P. de L... Il est venu nous voir ce soir accompagné de M. le curé...

« Nous avons beau temps ; il y a de l'air, et ce n'est pas à comparer avec les chaleurs de Pau ; je t'assure que cela te ferait grand bien de revenir faire une petite saison entre tes audiences...

« Marie t'a-t-elle dit qu'elle avait remarqué que l'église des Eaux-Chaudes est comme les grandes basiliques romaines, avec un plafond à caissons ? Cela ne m'a cependant rappelé ni Sainte-Marie-Majeure, ni Saint-Paul-hors-les-Murs. Les cascades du côté de la route de Gabas nous ont fait penser à Tivoli ; mais le petit temple de la sibylle manque.

« Je ne sais si je suis encore à la moitié de ma saison... ; puique j'y suis, je continuerai tant qu'il faudra, afin de faire un bon séminaire à Paris. J'ai écrit à Mme la supérieure de l'hospice... C'est de demain en huit l'examen d'Édouard...

« Au revoir, mon cher papa, je t'embrasse de tout mon cœur. Bien des choses à la pauvre Laurencine, qui doit être toute triste du départ de la vieille Martha et surtout de son cher Charles, qu'elle ne va plus revoir maintenant d'ici les vacances de Pâques...

« Je t'embrasse encore bien tendrement.

« Ta fille chérie,

« NOÉMI. »

Au retour des Eaux-Chaudes, elle rentra à l'hospice pour y continuer son postulat. C'est là que nous dûmes lui dire adieu au moment de notre départ pour les vacances; nouveaux chagrins, nouvelles émotions!... et toujours de sa part même douceur et résignation. Mais elle sentit vivement l'amertume de la séparation. Ah! que ceux qui s'imaginent que ces sacrifices faits à Dieu s'accomplissent, de la part des âmes d'élite qu'il a choisies, sans douleur et sans déchirement, sont dans l'erreur!... et qu'il faut de courage à ces cœurs aimants pour entendre l'appel divin et y répondre résolument. J'ai vu de près ces sacrifices, j'ai assisté à cette lutte entre les affections naturelles et l'amour de Dieu; j'ai senti, non seulement par moi-même, mais par ce qu'éprouvait ma fille, combien il en coûte pour surmonter, non l'amour déréglé du monde et des plaisirs, mais les affections pures et tendres qui unissent les cœurs chrétiens. Nul plus que Noémi n'avait l'amour de la famille et des siens; nul n'a eu plus d'efforts à faire pour le subordonner aux exigences de la vie religieuse; nul n'a eu plus de mérites dans cette lutte véritablement sainte et héroïque que connaissent les âmes appelées à la pratique, non seulement des préceptes, mais des conseils évangéliques.

Dieu, le Dieu bon et juste qui récompense ceux qui pour lui abandonnent leur père et leur mère et embrassent la sainte pauvreté, sait l'étendue du sacrifice et peut seul y proportionner les récompenses que sa divine parole a promises! Noémi avait si souvent manifesté cet amour des siens, que lorsque sa vocation fut annoncée dans sa famille, le premier mouvement (mouvement inconscient et irréfléchi qui se reproduit trop souvent en pareille circonstance) fut celui d'une grande surprise et d'un profond étonnement! Comme s'il existait une antinomie entre ces affections, toutes dans l'ordre divin, puisque c'est Dieu lui-même qui les a mises au cœur de l'homme et que, loin de s'y exclure, elles s'y harmonisent et s'y fortifient par l'effort même du sacrifice!

Le moment du départ pour le séminaire était arrivé. Le 5 septembre 1882, Noémi prenait congé des sœurs de l'hospice, et, sous la conduite de la supérieure de l'orphelinat agricole, partait pour Paris.

Elle rendait compte de ce départ et de son entrée dans la pieuse maison de la rue du Bac dans une lettre à sa mère que je regrette de ne plus retrouver.

Peu de jours après, j'allai, avec son frère Édouard, la voir au noviciat, et nous avions peine à dominer notre émotion en la voyant paraître au parloir sous ce costume de novice qu'elle devait porter quelques mois avant de prendre l'habit. Puis nous repartîmes, et pendant quelques semaines les communications durent, pour obéir au règlement, être moins fréquentes.

Noémi écrivait le 15 octobre :

« Paris, 15 octobre 1882, rue du Bac, 140.

« Ma bien chère Maman,

« J'aurais tant de choses à te dire que je ne sais par où commencer ; mais je remets pour quand je te verrai. Je suis enfin descendue de Sainte-Anne et j'ai repris avec grande joie la vie du séminaire, de ce cher séminaire auquel je m'attache chaque jour davantage. Je vais bien ; je n'ai pas mal à l'estomac et mon rhume est presque tout à fait fini. Je suis bien contente de savoir Charles à Tours. Pauvre baby ! je comprends qu'il ait dû bien souffrir ; j'ai bien prié pour lui et je continue encore. Et pour vous, c'est encore un nouveau sacrifice ; à ce propos, papa m'a écrit dans une de ses lettres une chose qui m'a fait de la peine : il me dit qu'il espère que j'accepterai mon sacrifice avec *joie* (ce qui est déjà fait) et lui avec *résignation ;* mais je voudrais bien qu'il l'acceptât aussi avec joie et pas seulement avec résignation. Nous entrons en retraite le premier dimanche de novembre, c'est-à-dire le 5, et nous en sortons le mardi de la semaine suivante, le 14. Cela se trouve très bien, puisque tu ne pourras toi-même guère venir avant. Je n'oublie pas Aline dans mes prières, et je lui envoie tous mes vœux. Je n'ai pas oublié non plus que le 13 était la fête d'Édouard, et j'ai bien prié pour lui. Me voilà maintenant bien *installée* et toute à l'affaire de ma vocation; l'amertume de la séparation est bien passée maintenant et mon sacrifice m'est très doux; je ne suis plus du tout, mais du tout *fari bounée;* bien des actes de vertu me coûtent souvent; mais priez pour moi, ma chère maman, afin que, petit à petit, je devienne une vraie fille de la Charité. Tous les jours on nous explique notre vocation; elle est bien belle et encore plus parfaite que je ne croyais, quand on y est fidèle[1]. Je te parle de *moi,* car

[1] Il ne paraîtra pas déplacé d'en donner ici un léger aperçu. Voici quelques extraits de la *Règle* des filles de la Charité de Saint-Vincent-de-Paul (août 1655). *De la fin et des vertus fondamentales de leur institut.* Cette fin est d'honorer Notre-Seigneur Jésus-Christ, comme la source et le modèle de toute charité, le servant corporellement et spirituellement en la personne des pauvres, soit malades, soit enfants, soit prisonniers ou autres, qui par honte n'osent faire paraître leur nécessité. Pour correspondre à une si sainte vocation et imiter un exemplaire si parfait, elles doivent tâcher de vivre saintement et travailler avec grand soin à leur propre perfection, joignant les exercices intérieurs de la vie spirituelle aux emplois extérieurs de la charité chrétienne.

Encore qu'elles ne soient pas dans une *religion,* cet état n'étant pas convenable aux emplois de leur vocation, néanmoins, comme elles sont beaucoup plus exposées au dehors que les religieuses, n'ayant ordinairement de monastère que la maison des malades, pour cellule qu'une chambre de louage, pour chapelle que l'église de la paroisse, pour cloître que les rues de la ville ou les salles des hôpitaux, pour clôture que l'obéissance, pour grille que la crainte de Dieu, et pour voile que la sainte modestie, elles sont obligées, par cette considération, de mener au dehors et au dedans une vie aussi vertueuse, aussi pure, aussi édifiante, que les religieuses dans leur monastère, etc...

Leur principal emploi étant de servir les pauvres malades, elles les serviront comme Jésus-Christ même, avec autant de cordialité, de respect et de dévotion, même les plus fâcheux

c'est à *toi* que j'écris, ma chère maman. Embrasse bien papa pour moi; remercie-le encore. S'il me voyait maintenant, il me trouverait changée et bien habituée : j'aurai samedi prochain un mois de vocation ! Embrasse tout particulièrement pour moi ma chère grand'mère. Merci de tes bonnes et si bonnes lettres, ma chère maman; je suis bien heureuse chaque fois que je les reçois. Remercie, je te prie, papa et Louise des leurs. Quand Marie verra Cécile, qu'elle la remercie aussi de la sienne. Je fais de petites images; je mets des *pièces en carré* depuis que je suis arrivée : moi qui les détestais tant !

« Adieu, ma chère maman, et au revoir dans quelques semaines. Je t'embrasse de tout mon cœur; embrasse autour de toi tu sais qui, et dis bien des choses à tout le monde.

« Ta fille chérie,

« SŒUR SAINT-MAUR. »

et les plus répugnants. Ce service, elles le préféreront même à leurs exercices spirituels. Elles prendront soin de leur âme comme de leur corps... Elles ne donneront aucuns soins aux riches, sinon en cas d'absolue nécessité; et encore, selon leur institut, elles feront en sorte que les pauvres soient les premiers servis...

Elles n'omettront ni ne déplaceront leurs exercices spirituels qu'en faveur du service des pauvres... Elles se donneront bien de garde de penser que les pauvres leur soient obligés pour les services qu'elles leur rendent; mais, au contraire, elles doivent se persuader qu'elles leur sont fort redevables, puisque pour une petite aumône qu'elles leur font d'un peu de leurs soins, elles se font des amis qui ont *droit* (sic) de leur donner un jour l'entrée dans le ciel.....

« Paris, 2 novembre 1882.

« Ma bien chère Maman,

« Avant tout, laisse-moi te souhaiter une bonne, une très bonne fête, car c'est le but de ma lettre. Cependant, même sans cela, je voulais t'écrire pour t'engager à ne pas venir à Paris au mois de novembre, quand j'ai appris que tu étais malade. Je n'ai pas été inquiète, car je ne t'ai pas cru aussi prise que tu l'as été, et ce n'est que la lettre de papa qui m'a fait voir que tu as été vraiment atteinte. Les nouvelles sont meilleures, et j'espère que ce ne sera rien : d'ailleurs, ma maman chérie, je te remets entre les mains du bon Dieu. Je t'avoue que le sacrifice de ne pas te voir maintenant m'est bien pénible ; mais je ne jouirais pas de toi, te sachant toujours exposée. Ne pense donc pas à venir, ma chère maman, même si le médecin te le permet ; il vaut mieux retourner directement à Pau. Après tout, je n'ai besoin de voir personne, et ce sont de pures satisfactions dont la privation m'est plus profitable et qui ne m'empêche pas, je t'assure, d'être bien gaie. Que papa ne se dérange pas non plus pour me voir ; je te le répète, je n'ai besoin de personne. Souhaite, je te prie, ma chère maman, toutes les saintes Charles autour de toi, puisque je ne puis le faire moi-même. Demain c'est le jour des morts, et je m'unis bien à vous tous. Mon estomac m'a encore joué un mauvais tour, et je suis descendue à l'infirmerie prendre un vomitif qui m'a remise en bon état. Seulement je me suis enrhumée (comme cela m'arrivait une ou deux fois par an à la maison), et ma sœur Directrice ne veut pas que je quitte l'infirmerie tant que je tousserai, ce qui m'ennuie bien, car je ne suis pas du tout malade. Je te recommande tout particulièrement, ma chère maman, de prier pour moi, car je vais faire ma grande retraite ; c'est dimanche que nous commençons. Il est inutile de m'écrire pendant ce temps-là : les nouvelles que j'aurais ne seraient plus fraîches. J'ai été obligée d'interrompre ma lettre hier, ma chère maman, et j'en suis contente, car ma sœur Directrice vient de me permettre de quitter l'infirmerie, et je suis maintenant à Sainte-Anne. Je te charge, ma chère maman, d'embrasser tout le monde autour de toi, particulièrement ma chère grand'mère. J'ai reçu une lettre de Charles, mais très laconique. Merci pour toutes vos bonnes lettres. Je t'embrasse bien, bien fort, ma chère maman, et, encore une fois, ne penses pas à venir.

« Ta fille chérie,

« SŒUR SAINT-MAUR. »

En novembre, sa santé s'altéra et des nouvelles fâcheuses nous arrivèrent.

« Je voudrais pouvoir vous dire, Madame (écrivait

la sœur directrice du séminaire), que la santé de votre chère fille est en rapport avec ses bonnes qualités. Cette chère enfant est charmante, sa volonté parfaite, mais sa santé bien chancelante. Ce n'est pas une maladie aiguë, mais un état maladif qui exige de grands ménagements : le médecin la voit tous les jours et la surveille de très près ; ne vous alarmez pas cependant, Madame ; cette faiblesse de santé me fait plus craindre pour l'avenir que pour le présent. Comment, en effet, pourra-t-elle supporter les travaux et les fatigues de la vie de Communauté ?... »

Noémi, de son côté, écrivait :

« Paris, 22 novembre 1882.

« MA BIEN CHÈRE MAMAN,

« Je commence par te répéter encore, surtout ne viens pas à Paris ; quand même tu irais parfaitement, il ne faudrait pas venir, car le temps est mauvais et ce serait très imprudent. J'ai écrit ce matin un petit mot à Aline ; je serai contente d'avoir tous les détails de la noce ; j'y ai bien pensé ces jours-ci, d'autant plus que je suis un peu malade et que j'ai gardé le lit. Ce sont toujours mes entrailles et mon estomac... ; avec cela, on nous a vaccinées...; tout cela m'a fatiguée et m'a donné un peu de fièvre, et m'a fait rester chaudement dans mon lit à l'infirmerie. Le médecin a dit que ce n'était que de la faiblesse ; il m'a auscultée parce que je tousse encore un peu et a dit que je n'ai rien du tout à la poitrine. Aujourd'hui je vais mieux ; depuis deux jours je n'ai plus eu de fièvre, et je recommence à avoir faim. Inutile de te dire, ma chère maman, comment je suis soignée ou plutôt gâtée comme un vrai baby ; je voudrais que tu le visses. Le plus triste de l'affaire, c'est que pendant ce temps je ne fais pas mon séminaire ; la vocation compte ; mais c'est tout, et cela retarde, avec tous mes autres accrocs, probablement de beaucoup ma prise d'habit. Papa m'avait écrit qu'il viendrait peut-être me voir en retournant de Nantes à Pau ; c'est tout à fait inutile ; mais s'il vient et que je ne sois pas encore assez bien pour aller au parloir, on lui permettra d'entrer et de venir me trouver. Je pense, ma chère maman, que tu vas maintenant retourner à Pau, et cela va être un grand sacrifice pour grand'mère, qui doit s'habituer à t'avoir près d'elle. Embrasse-la bien fort de ma part. Comment va la pauvre Nannette ? Et Édouard, que devient-il ? Ma cousine G. est venue me voir hier avec Marie ; mais on les a remises à un autre jour. J'oublie de vous remercier de toutes vos lettres pour ma fête ; elles m'ont fait très grand plaisir.

Au revoir, ma chère maman, je t'embrasse de

tout mon cœur; embrasse pour moi mon cher papa et tous les autres.

« Ta fille chérie,

« SŒUR SAINT-MAUR. »

Ces lettres ne pouvaient que confirmer la résolution que j'avais déjà prise d'aller à Paris avant de rentrer à Pau, afin de me concerter avec la supérieure des novices [1].

Je fus douloureusement impressionné en retrouvant, à l'infirmerie, la chère enfant que j'espérais voir en meilleure santé. Ce n'était pas une maladie aiguë, mais, ainsi que le disait la supérieure, un état maladif qui la mettait dans l'impossibilité de suivre le règlement du noviciat.

Plusieurs jours s'écoulèrent dans l'incertitude et les perplexités; enfin, après consultations médicales, conférences avec les supérieures, il fut décidé que la jeune novice devait quitter Paris, dont le climat ne lui convenait pas, et rentrer dans le Midi pour y passer l'hiver.

Cette décision allait causer à Noémi un vif chagrin, car elle mettait obstacle au noviciat, dont elle retardait le terme; elle la pressentait et la redoutait, sentant bien la gravité de son état. Elle l'acceptait

[1] J'avais été appelé à Nantes par un événement de famille, et ma femme, qui avait le projet d'aller voir Noémi à Paris, était retenue par la maladie d'une de ses filles.

avec résignation comme un complément d'épreuve.

Ses supérieures résolurent de la lui épargner par une mesure exceptionnelle que justifiait sa préparation complète. Comme elle était déjà fort avancée dans les voies spirituelles et que son instruction comme son éducation étaient achevées, on décida, avant son départ, de lui remettre l'habit. Cette faveur lui fut annoncée par la supérieure générale et l'aumônier. La surprise, l'émotion, la joie de la novice furent extrêmes; elle n'osait espérer la réalisation de ses vœux, et lorsque ses supérieures lui avaient fait visite à l'infirmerie : « Vous n'avez pas de demande à nous adresser? » lui avait-on dit. « Non, » avait répondu Noémi étonnée et attristée, ne se doutant pas des projets arrêtés à son égard. « Voulez-vous recevoir le saint habit? » avait-on dû ajouter. A cette question précise elle avait répondu qu'elle en serait heureuse; et le soir, lorsque j'arrivai pour lui faire ma visite quotidienne, elle m'annonça, les larmes aux yeux et le sourire sur les lèvres, la grande nouvelle.

La lettre suivante dira mieux que moi quels furent ses sentiments.

« Écrite le 29 et 30 nov. — Partie le 1er déc. 1882.

« Ma bien chère Maman,

« La dépêche de papa t'aura déjà annoncé la grande grâce que le bon Dieu me fait. Remercie-le pour moi, n'est-ce pas? et la sainte Vierge aussi, car c'est par son intercession que j'ai obtenu cette grâce, à laquelle je n'avais d'ailleurs jamais songé, et que je n'aurais non plus jamais osé demander à notre très honorée Mère si ma sœur directrice ne me l'eût dit. C'était lundi dernier l'anniversaire de l'apparition de la sainte Vierge à Catherine Labouré, et vraiment la sainte Vierge nous a tout accordé à la fois : je l'ai bien priée pour l'intention des Le Cour, et le même jour où j'apprends que je vais prendre le saint habit, papa m'annonce qu'il y aura un petit Le Cour! Je n'écris pas à Louise, ma chère maman, mais cette lettre servira pour deux; dis-lui bien, ainsi qu'à Charles, la part que je prends à leur bonheur; je vais continuer à prier la sainte Vierge d'ici, qui jusqu'à présent m'a si bien exaucée et pour baby et pour Louise et pour moi. Reste maintenant Marie, que je vais avant mon départ recommander aussi à notre bonne Vierge; je n'oublie pas non plus Édouard. Ma sœur directrice a avancé d'un jour ma prise d'habit: ce sera demain jeudi, soit à neuf heures, soit vers une heure, que notre très honorée Mère viendra à l'infirmerie me mettre la chère cornette et le cher habit gris qui m'attache encore plus au bon Dieu. Je suis *bien, bien heureuse*, et je ne reviens pas encore de la grande faveur que nos supérieures ont la bonté de m'accorder. Qu'il me tarde, ma chère maman, de t'embrasser avec la cornette! Je voudrais bien aussi voir ma chère grand'mère ; je l'embrasse bien fort ainsi que le reste de la famille. D'après les dernières nouvelles, Marie est tout à fait hors d'affaire, et nous nous reverrons bientôt.

« Ma chère maman, je reçois à l'instant ta bonne lettre et celle de grand'mère. Merci beaucoup, je suis bien sûre que vous prenez tous part à mon bonheur. Je vous embrasse tous bien tendrement. Je vais me lever, et l'on va me couper les cheveux, puis me mettre un petit bonnet de laine pour ne pas avoir froid, et demain j'aurai ma cornette! Mon habit est tout prêt; on en a trouvé un tout neuf qui va très bien.

« Au revoir, ma chère maman, à bientôt; je t'embrasse encore de tout mon cœur ainsi que tout ton entourage. Ne m'oublie pas, surtout auprès de Louise et de Charles Le Cour.

« Ta fille chérie,

« SŒUR SAINT-MAUR. »

Je ne dirai pas quelles furent mes impressions[1] et les pensées qui se heurtèrent dans mon esprit,

[1] Je recevais de Nantes des lettres d'où j'extrais ce qui suit:

« *Nantes,* 27 *novembre* 1882.— J'ai reçu ce matin ta lettre et puis ta dépêche... Ce que nous croyions ou craignions se réalise, car je vois bien que notre chère Noémi va revenir passer l'hiver à Pau... Mais qu'elle ne s'afflige pas trop de cette décision... Qui va la ramener? Quand quittera-t-elle Paris? »

« 28 *novembre.* — Je prends bien part à tes préoccupations et à tes peines... Je suis bien sensible à ce que tu me dis de notre chère fille. Cette douceur, cette résignation, cette quiétude, me les sentiments divers qui agitaient mon cœur. J'en ai rendu compte ailleurs ; il est aisé de les deviner. La lutte intérieure fut vive ; je compris les motifs, j'entrevis l'avenir ; je me soumis et je pleurai, mais, grâce à Dieu, devant ma fille, je pus me contenir ; elle était heureuse ; je pris part à son bonheur : il n'était pas de ce monde.

Après une petite retraite de 24 heures, à l'autel même de l'infirmerie, le 30 novembre 1882, et devant quelques compagnes, Noémi reçut l'habit. Lorsque je me présentai dans l'après-midi, elle vint à moi, souriant sous ce costume où je la voyais pour la première fois !

Elle reçut quelques visites de parentes et d'amies, puis le 1er décembre nous quittions Paris ; elle voyageait avec deux sœurs qui se rendaient aussi pour leur santé dans le Midi [1]. Toutes trois reçurent l'hospitalité aux Enfants-Trouvés, à Bordeaux, puis le lendemain nous arrivions à Pau, et Noémi rentrait à cet hospice qu'elle avait quitté

touchent plus que je ne puis dire, et je m'humilie devant l'exemple que me donne cette chère enfant. »

Je reçois ta dépêche ; comme je m'unis à vous pour que Dieu bénisse notre chère fille !...

« 1er *décembre*. — Voilà donc notre chère et sainte fille dans la milice des filles de la Charité ! Comme elle doit paraître jeune avec ce saint habit ! que tu dois être stupéfait de ce qui s'est accompli depuis dimanche !... Remercions Dieu au milieu de toutes ces émotions, car notre fille a reçu de grandes grâces et sa vertu est récompensée... »

[1] A son passage à Tours, elle reçut en gare la visite de son plus jeune frère, Charles, venu pour l'embrasser. Ils ne devaient plus se revoir.

quelques mois auparavant, et dont elle ne devait plus sortir !

Pendant les premières semaines de son séjour, elle éprouva dans sa santé une amélioration qui nous parut d'heureux augure. Ses forces étaient revenues, et elle pouvait vaquer à quelques-unes de ses obligations[1]. Le 28 décembre, jour des saints Innocents, fidèle à un pieux, touchant et enfantin usage, elle avait pu, comme la plus jeune des sœurs de la résidence, remplir les fonctions de supérieure et aller en cette qualité faire quelques visites aux différentes communautés des sœurs de Charité de la ville. Le mois de janvier s'écoula ainsi ; mais vers la fin sa santé avait reçu de nouvelles secousses ; les forces reconquises disparaissaient de nouveau, et lorsque, le 2 février, elle accomplit avec nous le pèlerinage de Lourdes, qu'elle désirait, elle ne put gravir à pied la sainte colline de la grotte à la basilique, et il fallut la monter dans la petite voiture des infirmes. Je revins navré ; elle, toujours soumise, confiante et résignée. Les semaines qui suivirent furent pénibles, avec des alternatives de mieux et de mal... Nous ne pouvions plus conserver d'illusions, la maladie faisait des progrès rapides ; notre chère et sainte malade s'affaiblissait sans rien perdre dans ses souffrances de sa piété, de sa résignation, de son inaltérable douceur. Jamais un mot de plainte, d'amertume ou de découragement ne s'échappa

[1] Elle reçut le nom de *sœur Cécile*.

de ses lèvres pendant ces longs jours de souffrances !

Abrégeons ces douloureux détails !...

Le 5 mars, j'étais à l'audience lorsque l'on vint en toute hâte me prévenir qu'on me demandait à l'hôpital : je compris. J'arrivai en courant : une crise pénible et des plus inquiétantes s'était produite ; Noémi était déjà entourée de sa mère, de sa sœur, de son frère. Quelques amis étaient accourus, puis la communauté tout entière était arrivée, et c'est en présence de sa supérieure et de ses sœurs que Noémi prononça ses vœux avec calme et fermeté.

Je ne décrirai pas cette scène, dont le souvenir toujours vivant me poursuit et m'assiège...

Cette crise terrible ne devait pas être la dernière. Nous croyions toucher au moment suprême ; Noémi nous avait appelés autour de son lit ; sa pauvre vieille tante et marraine était, elle aussi, venue pour l'embrasser. A tous elle adressa des paroles affectueuses, résignées, consolantes..., formulant ses dernières demandes, ses recommandations, ses remerciements, ses excuses, et allant jusqu'à demander un pardon assurément bien inutile et superflu. Je puis dire qu'elle n'oublia personne, ni rien de ce qui l'intéressait dans ses préoccupations charitables et religieuses, et lorsque nos fidèles et pieuses domestiques s'agenouillèrent près de son lit, elle eut pour chacune d'elles un mot aimable et gracieux, notamment pour la vieille négresse qui avait soigné son enfance... Après, sa figure s'illumina; elle leva les yeux au ciel, qu'elle semblait entrevoir, et, avec un sourire ineffable : « Je vais retrouver « René...; nous prierons ensemble pour la famille... » Et, m'appelant, elle ajouta d'une voix entrecoupée et comme sous l'influence d'une inspiration plus forte que sa volonté, car sa modestie ne le lui eût pas permis dans son état normal : « Papa,... je ne crois pas avoir jamais offensé mortellement le bon Dieu...; » puis elle retomba dans le calme et dans une sérénité surnaturelle...

Ah ! que de choses que je ne puis dire, mais que Dieu a entendues !...

Les jours qui suivirent furent cruels : les douleurs morales, les fatigues physiques s'accumulaient; nous eûmes à subir de véritables tortures. Et dans ces tristes jours, dans ces nuits plus tristes encore, Noémi, toujours maîtresse d'elle-même, nous donnait l'exemple et le modèle de la vertu chrétienne et du courage religieux portés au suprême degré.

C'est dans ces douloureuses conjonctures que la nouvelle de l'heureuse délivrance de ma fille aînée nous arriva de Nantes. Sa mère avait dû renoncer au projet d'aller y assister, retenue qu'elle était par les préoccupations de Pau. Lorsque Noémi apprit la naissance du petit Jean, son neveu (si longtemps attendu et pour lequel elle avait adressé à Dieu d'ardentes prières), elle manifesta une grande joie et insista vivement pour que je partisse afin de le tenir sur les fonts du baptême. Je consultai : on m'assura que j'avais encore le temps...

Je partis...; trois jours après j'étais de retour...; c'était le mardi saint. J'arrivai à Pau à minuit : une voiture m'attendait à la gare pour me conduire directement à l'hôpital. L'état de Noémi s'aggravait d'heure en heure...; la pauvre enfant m'attendait. Je pus encore l'embrasser et m'entretenir avec elle pendant vingt-quatre heures. Dans la soirée du mardi saint, il n'y eut plus d'espoir, et nous vîmes arriver ces dernières heures, que déjà et pendant diverses nuits, nous avions cru imminentes. Autour du lit veillaient avec nous Mme la supérieure et l'aumônier; mon pauvre et cher Édouard, qui nous avait souvent assistés les jours et les nuits précédentes, n'était pas là; il n'avait pu rester et se trouvait seul à la maison; un crachement de sang provoqué peut-être par les émotions, prélude du mal cruel qui devait, lui aussi, l'emporter quelques mois plus tard, le retenait au lit. Vers deux heures du matin, Noémi, qui avait reçu les derniers sacrements, s'éteignit doucement après quelques crises de suffocation. Tout était fini pour elle sur cette terre; elle n'avait pas vingt et un ans!... mais son âme était prête pour le ciel, et Dieu, j'en ai le ferme espoir, avait dû l'y recevoir...

Ma main, qui s'est refusée à tracer les douloureux détails de ces derniers jours, ne saurait rien ajouter...

Je m'arrête.

Dans la journée, après les derniers apprêts faits par ses compagnes, qui lui remirent cet habit qu'elle avait tant désiré, elle fut descendue dans une salle du rez-de-chaussée et y resta exposée jusqu'au jour des obsèques. Je ne dirai pas toutes les visites qu'y reçurent ses dépouilles mortelles, et combien de gens du monde et du peuple, combien de pauvres vinrent s'agenouiller près d'elles et contempler une dernière fois ce visage si doux et si humble, empreint de la pureté virginale et de la sérénité céleste [1].

Puis le vendredi saint, dans l'après-midi, accompagnés par ses compagnes, ses sœurs en religion et ses amies du monde, nous conduisions ce corps béni à sa dernière demeure dans le corbillard des pauvres, qui est celui des filles de Saint-Vincent-de-Paul, et nous le déposions dans le cimetière des sœurs, non loin de la sépulture de son frère aîné, où devaient bientôt reposer ceux de sa mère et de son frère Édouard [2].

[1] Peu après Charles arrivait de Tours pour les vacances de Pâques quelles vacances)! En arrivant (on n'avait pas voulu, pour lui épargner de cruelles émotions pendant son voyage, lui dire l'issue funeste de la maladie), son premier mot fut pour demander des nouvelles de sa sœur : « Et Noémi?... » Notre silence et nos larmes répondirent. Il comprit, et se jeta dans nos bras en pleurant. Retiré dans sa chambre, nous entendîmes le bruit de ses sanglots... Ce n'était pas le premier, et ce ne devait pas être le dernier spectacle douloureux auquel était appelé le malheureux enfant, dont la vie se développait dans les larmes.

[2] Le général et les officiers du 18e de ligne voulurent rendre les derniers devoirs à la sœur de Charité, dont les compagnes soignaient les soldats de la garnison.

Sur la modeste pierre qui recouvre ses dépouilles, on lit :

Ici repose
Charlotte-Marie-Aglaé-Fanny-Noémi
FRANÇOIS-SAINT-MAUR
en religion sœur CÉCILE
des Filles de la Charité de Saint-Vincent-de-Paul
décédée a l'hopital de Pau
le 21 mars 1883
a vingt ans, la première année de sa vocation

et dans les souvenirs mortuaires que je fis faire pour les parents et les amis, j'ajoutai sur le désir de sa mère :

Venez, épouse de Jésus-Christ, recevez la couronne que le Seigneur vous a préparée de toute éternité. (*Commun des Vierges.*)

Mes yeux vous ont cherché dès l'aube du matin. (*Commun des Vierges.*)

J'ai trouvé mes délices dans la voie de vos commandements, comme dans le plus riche trésor. (*Commun des Vierges.*)

J'ai toujours eu le Seigneur présent à mes yeux, persuadée qu'il était sans cesse à ma droite pour me soutenir. (*Office de saint Vincent de Paul.*)

Heureux celui qui comprend ce que c'est que d'aimer Jésus et se mépriser soi-même pour l'amour de Jésus. (*Imitation de Jésus-Christ.*)

ÉDOUARD

1864-1883

Ego servus tuus et filius ancillæ tuæ.

L'existence d'Édouard fut plus courte encore que celle de sa sœur; né à Pau le 10 août 1864, il succombait à La Boissière (Loire-Inférieure) le 9 novembre 1883; il n'avait guère plus de dix-neuf ans.

Cette vie si prématurément éteinte fut cependant suffisante pour permettre d'apprécier ce que son âme renfermait de qualités précieuses et ce qu'on pouvait espérer de lui, si la mort n'était pas venue inopinément briser un avenir qui s'annonçait sous d'heureux auspices.

Son intelligence, pour n'avoir pas la force, l'étendue, la profondeur de celle de son frère aîné, n'était cependant pas au-dessous de l'ordinaire, et ses travaux, ses succès obtenus dans des classes nombreuses et laborieuses, son rang distingué dans les classements de ses condisciples, démontraient ce qu'elle valait développée et fortifiée par le travail, — et ce qu'elle eût produit si Dieu avait permis qu'elle donnât tous ses fruits. — Mais ce qui faisait la vraie supériorité d'Édouard, ce qui toujours lui a assuré l'estime et l'affection de tous, c'est une grande délicatesse de conscience, une piété simple, éclairée, solide, dont il ne s'est jamais départi, une parfaite pureté d'âme, une affectueuse et persistante bonté.

Ce cher enfant (le cinquième de ceux que Dieu nous avait accordés) avait eu pour parrain son oncle à la mode de Bretagne, mon cousin, M. Fombert de Villers, colonel de dragons, et pour marraine ma cousine germaine, Mme J. Lohmeyer. Ma tante, la maréchale de Grouchy, avait désiré qu'outre le nom de son parrain (Alfred), il portât aussi celui d'Édouard, en souvenir du frère qu'elle avait perdu, âgé de vingt-six ans, en 1819.

Son enfance ne présenta rien de notable; rapproché par l'âge de sa sœur Noémi (deux années seulement les séparait), il l'était plus encore par une affection tendre et douce. Dans leurs jeux d'enfance ils étaient toujours ensemble, et on les appelait *les petits*: c'est sous ce nom que se plaisait à les désigner ma cousine, Mme Martial Delpit (femme aussi supérieure par l'intelligence que par le cœur), qui aimait, pendant les hivers qu'elle passa à Pau, à les voir chez elle et à prendre part à leurs jeux.

Dès leurs plus jeunes années, Noémi exerça sur son frère l'influence de sa nature aimante et douce, de sa fermeté et de sa rectitude de conscience. Ils s'aimaient et se sont toujours aimés d'un amour tendre et profond. La mort cruelle ne les a séparés que pour bien peu de temps. Quelques mois à peine après la mort de sa sœur, Édouard allait la rejoindre, et il n'est pas téméraire de penser que la perte de Noémi hâta singulièrement les progrès du mal qui était venu l'assaillir si inopinément.

Édouard avait aussi pour son frère aîné une affection mêlée d'admiration; de bonne heure il le prit pour modèle, aurait voulu se mettre comme lui, dans la mesure de ses forces, au service de Dieu, se consacrer au bien, suivre ses traces. Sa mort l'émut jusqu'au plus profond de l'âme, et toute sa vie, depuis lors, il demeura sous cette influence, en présence du souvenir vivant de son frère; en communication, si on peut dire, avec son âme et conversant en quelque sorte avec lui.

René avait aussi pour son jeune frère des sentiments qu'il manifesta dans toutes les circonstances importantes de leur vie d'enfants ou d'adolescents[1]: au début de ses études, lors de sa première communion, au moment de son départ pour le collège... Qu'eussent-ils fait s'il leur avait été donné de marcher ensemble au combat dans les rangs de l'armée du bien?... C'est le secret de Dieu... Ce bonheur ne m'était pas réservé.

Après les premières années de l'éducation maternelle et de famille, Édouard entra pour commencer ses études d'instruction secondaire dans l'institution ecclésiastique de Saint-Martin, à Pau.

[1] On s'en convaincra en lisant, dans la *Vie de René* (V. Lecoffre, 1881), les pièces de vers consacrées à ses frères et sœurs. Ce n'est qu'un spécimen. Combien d'autres sont restées inédites.

Il n'y fut jamais qu'externe ou demi-pensionnaire.

Puis vint le moment de suivre la voie de son aîné. En octobre 1876, il nous quitta pour le remplacer à l'école Saint-Joseph de Poitiers, dirigée par les RR. Pères de la compagnie de Jésus. — Déjà, et l'année précédente, il avait fait à Pau sa première communion dans les conditions de la plus parfaite piété, — et jamais depuis lors, je puis et dois le dire, il ne s'écarta de la voie droite et ne nous donna le plus léger souci, la plus légère préoccupation. Son âme, unie à Dieu, lui demeura toujours fidèle; l'amour divin ne cessa jamais d'y brûler.

Cette piété n'excluait pas chez lui un très aimable enjouement, et dans les réunions de famille qui avaient lieu tous les ans aux vacances à La Boissière, dans la Loire-Inférieure, il était un des plus gais. Il avait su se concilier par son affabilité l'affection de tous ceux qui l'approchaient, non seulement des parents et amis, mais encore des domestiques, des fermiers et de tous les habitants du village; ils devaient lui en donner des témoignages non équivoques lors de sa maladie et de sa mort.

Il entrait joyeux à Saint-Joseph, sachant y trouver le souvenir et les traditions de son frère; mais la séparation et le départ lui furent pénibles; c'était la première fois qu'il quittait des parents pour lesquels il eut toujours un profond attachement, et notamment sa mère, qu'il aimait d'une tendresse toute spéciale.

Quelques extraits de sa correspondance le feront mieux connaître; on pourra, si je ne me trompe, dans ces lettres souvent enfantines et naïves d'un écolier à ses père et mère, facilement apercevoir le fonds de cette âme si pure, si candide, si aimante, si dévouée à tous ses devoirs, si désireuse de les bien remplir, si affligée quand le succès ne couronnait pas, comme il l'aurait voulu, ses efforts[1].

« 23 octobre 1876.

« MON CHER PAPA,

« Voilà bien longtemps, il me semble, que je ne t'ai écrit. On a donné les places d'orthographe; j'ai été cinquième, n'ayant fait qu'une seule faute, une unique faute d'inattention : j'avais mis un S à *huit*. D'abord mon professeur n'avait pas vu cette faute, et il avait dit que j'étais premier, et on était venu me le dire. J'étais tout joyeux du plaisir que ça allait vous faire, quand mon professeur m'a appelé ce matin et m'a dit : « Vous n'êtes pas premier; je « viens de découvrir une faute qui vous fait reculer

[1] On trouvera peut-être que j'insère beaucoup de fragments de cette correspondance; et cependant j'en ai beaucoup écarté; je n'ignore pas que tous ne la liront pas comme le père ou la mère qui l'ont reçue. Mais je tiens avant tout à en assurer la conservation.

« de deux ou trois rangs; sans cela vous étiez « premier, sans avoir manqué un accent, sans un « quart de faute... » Cela m'a beaucoup ennuyé, mais il faut supporter ce que Dieu vous envoie.

« Je fais partie de l'académie. »

« 26 octobre 1876.

« Nous avons composé en version latine. J'ai prié le bon Dieu et la sainte Vierge de bien faire cette composition. J'espère qu'ils auront exaucé mes prières. Quant à moi, je me suis bien appliqué... »

« 30 octobre 1876.

« Mes bien chers Parents,

« Je suis bien content, car j'ai été second en version latine, une version que notre professeur avait déclarée difficile... J'ai eu trois *A*..., mais ma place en diligence n'a pas été brillante : j'ai été treizième. J'avais bien travaillé dans la semaine, puisque j'ai eu trois *A*, mais ma grammaire latine me paraît difficile; elle est en latin, et jamais je n'en ai appris de pareille, et cela fait que je sais moins bien mes leçons. Mais ce qui peut me consoler un peu, c'est que mon professeur a dit que quoiqu'un élève ait été quinzième en diligence, il peut se considérer dans cette classe comme ayant un très bon rang. Je fais partie de la congrégation.

« Hier au soir, au dortoir, et de suite après t'avoir quitté, papa, j'ai bien pleuré... Taisons-nous sur ces choses-là, car j'en ferais autant maintenant. Noémi a bien pleuré d'être pensionnaire au couvent...; eh bien, qu'elle se figure ce que je suis, en pensant qu'elle est à cent lieues de chez elle et ne voyant jamais ses parents qu'à Pâques et aux grandes vacances. Cependant, comme tu l'as annoncé, mon cher papa, j'aime à penser que tu viendras me chercher le 1er janvier au matin... Si René passe, j'aimerais que ce fût mardi... »

« ... Ma chère maman, pour la saint Charles, je t'offre comme bouquet ma place de premier, n'ayant avec cela que mon amour à t'offrir. Quant à Noémi, je ne puis lui offrir que l'amour d'un frère et les plus doux baisers. J'embrasse de tout mon cœur vous, mon cher papa, et ma chère maman, René, Marie, Noémi, baby... »

« 3 novembre 1876.

« Ma chère Maman, ma chère Noémi, mon cher Baby,

« Je viens dans ces quelques lignes vous souhaiter une très bonne fête. Je communie demain, et je prierai bien saint Charles Borromée pour vous. Je prierai aussi saint Eustache, la sainte Vierge, saint René, saint Édouard et saint Louis... »

« Novembre 1876.

« Je vous demande pardon de ma place (21e en thème). J'en suis bien fâché, je vous assure; mais on ne réussit pas toujours comme on voudrait, et j'ai, comme maman l'a dit, à lutter contre plus d'un fort : j'espère que vous tiendrez compte de ma bonne volonté, car je me suis, je vous l'assure, bien appliqué. »

« 16 novembre 1876.

« MON CHER PAPA,

« Je n'ose t'écrire, car j'ai une nouvelle détestable (*sic!*...) à te donner : j'ai été 22e dans ma composition (ils étaient 45). Je pleure rien qu'en pensant au déplaisir que tu auras [1]; je suis tout peiné, mais je m'étais appliqué. Je t'assure que j'a-

[1] Je n'ai pas besoin, je pense, de dire que le pauvre enfant s'exagérait singulièrement ce déplaisir. Mais ne voit-on pas la tendresse de ses sentiments et la délicatesse de sa conscience?

vais fait bien attention; mais les autres ont mieux réussi. Je te demande bien pardon, et je tâcherai, la première fois, d'avoir une meilleure place. J'ai un grand repentir de ne pas te rendre heureux, papa; pardonne-moi, je t'en supplie. J'ai été 7e en diligence... »

« 23 novembre 1876.

« MON BIEN CHER PETIT FRÈRE,

« J'ai trouvé ici de très bons camarades qui ont l'air de m'aimer; mais je suis, il faut le dire, bon camarade... »

« 28 novembre 1876.

« MES BIEN CHERS PARENTS,

« Pardonnez-moi, je vous prie, si je ne vous ai pas écrit plus tôt; mais je n'osais pas, car mes places en tout sont bien au-dessous de ce que vous pourriez penser. J'ai été 20e et 17e; vous voyez, mes chers parents, qu'elles ne sont pas brillantes; mais je m'excuse bien, car je m'étais appliqué, je vous assure, — et d'autant plus que notre Père a dit : « Le dernier, je lui donne le droit

« de s'excuser auprès de ses parents, car il a « 194 bons points... » Je vous prie de vouloir bien m'excuser, car je m'étais bien appliqué...

« Et le R. P. Préfet avait ajouté à la lettre : « Oui, « vous pouvez excuser ce bon Édouard : il travaille « de toutes ses forces, et ses places ne sont pas « si mauvaises qu'il le dit... »

« 1er décembre.

« Je fais ma consécration à la sainte Vierge lundi : priez bien pour moi... »

« Lundi, 4 décembre.

« Je vous envoie ici mon premier témoignage (*Optime*), qui me vaut une grande sortie de faveur comme celle du jour de l'an.

« J'ai su une bien triste nouvelle, celle de la mort de Napo (*sic*)[1] ; je l'ai bien pleuré ; que c'est triste ! laisser Marie si jeune... ; mais le bon Dieu le veut ainsi ; nous n'avons rien à lui dire sur ce point ni sur rien... J'espère voir papa dans un mois moins quatre jours ; je l'attends impatiemment ; j'étais bien

[1] Le duc Napoléon de Montebello, qui était très bon pour ces enfants.

content hier, car j'ai fait ma conséctation à la sainte Vierge... »

« Décembre...

« J'ai beaucoup travaillé cette semaine, puisque j'ai eu trois *A*... Noël arrive bientôt; mais je ne pourrai pas mettre mes souliers au coin du feu. Mettez-y mes anciennes savates et envoyez-moi ce que vous y mettrez, tout de même... J'irai pour la première fois à la messe de Minuit... Mes places cette semaine sont assez bonnes : j'ai été 7e en diligence; sans les Apostoliques; j'étais 4e.... »

« Décembre...

« Je suis bien content en pensant au jour de l'an, non pas à cause de lui, mais à cause de papa, que j'espère voir. C'est pour moi un véritable bonheur. Adieu, mes bien chers sœurs et frère; n'oubliez jamais votre petit frère, et priez pour qu'il réussisse dans ses travaux...

« Mon cher papa, à bientôt, avec les Béarnais... »

« Janvier 1877.

« Mes bien chers Parents,

« Voici cinq jours, voici cinq siècles que je suis sans nouvelles de vous. Je m'ennuie beaucoup quand on ne m'écrit pas. Je remercie papa de m'avoir envoyé les vers de René; je les ai relus avec une joie !!! bien facile à comprendre, puisqu'ils me rappelaient ma première communion... »

« 17 février 1877.

« Nous avons organisé, tous les Béarnais, que nous irions aux vacances de Pâques tous à cheval au rendez-vous de chasse avec des guides... »

« 26 février.

« Ma bien chère Marie,

« J'ai reçu avant-hier ta lettre, qui m'a fait grand plaisir. Je m'accoutume à ta ville natale. Je l'aime même, car elle t'a vu naître et j'y suis très bien avec les Pères. Au commencement de l'année scolaire, j'avais peur de ces grands corps de bâtiments, de tous ces Pères que je croyais prêts toujours à punir. Maintenant, au contraire, je les trouve très bons et aimant beaucoup les élèves. Quant au collège, je l'aime bien ; j'y apprends tous les jours des choses nouvelles... Notre concertation a réussi : le P. Recteur a dit que c'était la meilleure qu'il eût vue... Mon professeur m'a dit que depuis quelque temps je faisais de très sensibles progrès...

« Je fais aussi des progrès au tambour; je sais déjà battre aux champs, le pas accéléré, la marche, la retraite, et maintenant nous jouons avec les clairons... »

« Mars 1877.

« Dans un mois, je vous embrasserai à Pau; mais c'est encore assez long, c'est long ; c'est trop long... »

« Sans date.

« Mon professeur m'a dit qu'il était content de mon travail, mais il ajouté que j'étais « d'une légèreté incroyable », quoique, à ce qu'il m'a dit, j'aie l'air sérieux. C'est que je suis un terrain où il y a trois couches. Dessus, l'aspect sérieux, avec la casquette bien mise sans être inclinée plus d'un côté que de l'autre, avec mon son de voix sérieux et uniforme. La seconde couche, je me montre ce que je suis, gai, léger, gascon même, grand bavard; en somme, tous les enfantillages. Dessous, l'asile impénétrable du cœur, asile sacré... »

« 26 mars.

« Je ne vous oublie pas dans mes prières; tous ces jours-ci ne m'oubliez pas... »

« Nous commençons demain soir nos examens. Je tâcherai d'avoir un prix, ou tout au moins un accessit. Je suis content, car je sais que j'ai bien travaillé, et j'espère que mes efforts seront un peu couronnés... Quelle joie quand j'arriverai! quand je reverrai Pau! quand je reverrai la maison! Je remercie Baby de sa lettre, qui m'a fait grand plaisir. Adieu, mes chers parents, bien des choses à tous. Dans sept jours!... »

« 27 mars.

« Mes chères Sœurs,

« Je viens de passer mon examen, j'espère avoir bien su; mais ce n'est pas sûr que j'aie le prix que je désirais tant. Adieu, mes bien chères sœurs, priez pour moi; que le bon Dieu et la sainte Vierge vous protègent et vous bénissent ainsi que Baby, papa et maman. »

« Sans date.

« Que j'étais content hier, mes chers parents (c'était le jour de la confirmation)! Je vous assure que je ne vous ai pas oubliés dans mes prières, et j'ai bien prié pour les morts... Oh! si vous saviez comme je vous aime! »

« 6 juillet 1877.

« Les compositions des prix sont commencées; je les ai bien bûchées... »

« 18 juillet.

« Nous avons vu, en allant au palais, un bout d'audience. Les conseillers avaient l'air de s'ennuyer à mourir, et l'avocat, un vieux monsieur, devait bien perdre son temps... »

« 19 juillet.

« Mon cher Papa,

« Que le bon Dieu te protège! Je n'ai rien à te dire, sinon que je suis ton fils qui t'aime bien et prie *idem.* »

« 25 juillet.

« Quels bons pique-niques nous ferons ces vacances sur les bords de la Divatte, sur les prés et dans les bois de l'Aujardière!... »

Édouard passa à Saint-Joseph quatre années; il entra en troisième et sortit à la fin de sa philosophie, après avoir été reçu bachelier. Il assista aux expulsions, et l'on verra l'impression qu'elles firent sur lui.

Le cours tranquille de ses études avait été interrompu par l'affreux et premier malheur qui fondit sur nous le 13 mars 1879; Édouard fut mandé à la hâte afin de prendre part aux obsèques de ce frère pour lequel il avait une affection mêlée d'admiration. Dire l'émotion qu'il ressentit, notamment lorsqu'il put encore contempler les derniers restes de ce frère chéri, et assister aux témoignages des regrets unanimes et touchants qui lui furent prodigués, ne m'est pas possible. Cette émotion qu'il eut peine à modérer laissa chez lui des traits ineffaçables; l'idéal qu'il avait entrevu demeura au fonds de son âme et se manifesta chez lui en diverses circonstances et dans les phases importantes de la courte existence qui lui restait à parcourir. Mais ce sont des faits et des sentiments d'une telle nature, si profonde, si intime, que je préfère jeter sur eux un voile et les laisser dans l'ombre.

J'ai agi de même à l'égard de Noémi, lorsque j'ai tracé de sa vie un croquis trop imparfait. Il y a des choses qui, si belles, si nobles qu'elles soient, doivent rester ensevelies au plus profond de la conscience.

Rentré à Poitiers à la fin de mars, Édouard y reprenait sa vie d'écolier.

J'insère ici des fragments de sa correspondance qui réflètent bien ses impressions pendant les années 1880 et 1881. Et je commence par quelques prières retrouvées dans ses papiers et dans son petit portefeuille de poche.

« Poitiers, ce samedi 22 mars 1879[1].

« Oh! mon Dieu, je vous offre toutes mes souffrances; je me consacre tout à vous. Vous m'avez frappé bien cruellement; mais vos desseins sont

[1] A son retour après la mort de son frère.

ignorés. Vous voulez encore me purifier par les désagréments de la vie écolière...

« Oh! mon Dieu, je me remets entièrement entre vos mains; je suis votre enfant. Faites de moi ce que vous voudrez... J'accepte l'épreuve et je vous bénis.

« Hier, j'ai vu le P. Recteur.

« J'ai le spleen : je veux revenir à Pau. Non, je ne puis pas. Du reste, cela pourrait causer de la peine à mes bien-aimés parents. Je leur ai écrit avant-hier; hier à Auffray. »

PAPIER TRÈS FATIGUÉ, FROISSÉ ET MACULÉ

« O mon Dieu! vous qui, en retirant de la lutte avant l'heure mon frère René, avez laissé inachevée ici-bas l'œuvre de bien que vous le destiniez à accomplir, faites que cette œuvre s'opère par mes mains.

« Il s'était consacré avec le plus absolu dévouement à votre service et à celui de l'Église; comme lui, je prends le même service auquel j'apporte le même dévouement; et si mes forces inégales ne me permettent pas de réaliser tout le bien que l'élévation et la plénitude de son talent l'appelaient à opérer, faites du moins que mon travail soit utile à votre sainte cause. Si quelque satisfaction humaine devait le suivre, j'en fais le plus complet abandon, vous suppliant d'appliquer les mérites de ce sacrifice à l'âme de mon frère, afin que, déchargée des liens du péché qui pourraient encore la retenir loin du ciel, elle goûte plus tôt le bonheur et la paix réservée à vos élus. Je vous demande enfin, par l'intercession de la sainte Vierge, de me réunir un jour à lui afin que tous deux nous jouissions de la récompense promise aux bons serviteurs, et nous chantions éternellement vos louanges. »

Au dos des strophes écrites par René en souvenir de son ami Jean Barbey[1], Édouard avait mis : « Pauvre et bien heureux René! Il n'a rien à envier à Jean. Je retourne ces vers et les lui applique. »

Et au-dessous : « Un dernier souvenir que je te jette, ô René!... C'est de m'aimer toujours dans le ciel comme sur la terre. Telle sera ma pensée de tous les jours! »

A LA SAINTE VIERGE

« Sainte Vierge, Mère Immaculée, je me présente humblement à vos pieds et vous prie d'accepter le cœur déjà souillé de bien des fautes d'un de vos enfants qui vous aime beaucoup et vous appelle à son secours. Ah! daignez accepter l'offrande que je vous en fais; il est à vous tout entier. Il souffre beaucoup maintenant, mais il se tourne vers vous; guérissez-le, consolez-le dans toutes ses afflictions.

« Ce 13 mai, vendredi. »

[1] Voir dans ses *Œuvres*.

PRIÈRE A NOTRE-SEIGNEUR JÉSUS-CHRIST

« O mon Dieu, je vous en supplie, venez à mon aide; ne laissez pas le démon s'introduire dans mon âme, qui vous est réservée et que je mets sous votre sainte garde. Faites que j'aie le courage nécessaire aux combats qu'il me livre chaque jour, et donnez-moi la force de résister et de vaincre. Au milieu du monde conservez-moi loin de ses fautes; et, si je viens à faiblir et à tomber, je vous en prie par votre sainte Mère, qui est la mienne, par mon saint patron et par mon frère René, ne m'oubliez pas dans votre miséricorde infinie et faites que je me relève. Menez-moi, Seigneur, où vous voudrez. Accablez-moi de peines, mais faites que je vous les offre toutes. Et si vous voulez me conserver mon bonheur, faites encore que je vous l'offre. Que tout enfin ait pour but la gloire de votre saint nom.

« Je sais que je ne suis pas digne d'un tel honneur, car les fautes dont je me suis rendu si souvent coupable devraient bien m'éloigner de vous. Mais, Seigneur, j'ai confiance; je frappe et il me sera ouvert. Donnez-moi l'humilité, donnez-moi la chasteté; donnez-les-moi à n'importe quel prix, quand même ma chair devrait murmurer; donnez-les-moi, je vous en supplie, Seigneur. »

« Ce 8 décembre, fête de l'Immaculée-Conception.

« O ma mère, c'est aujourd'hui la fête de votre Immaculée Conception. Puisque je ne puis aller dans votre sanctuaire de Lourdes pour vous témoigner tous les sentiments qui débordent dans mon cœur, permettez-moi de les écrire sur ce papier et daignez les accepter. O Marie! vous qui êtes née sans la moindre souillure, qui avez vécu dans cet état d'innocence et êtes morte dans cette même pureté, ah! daignez m'accorder, puisqu'il ne m'a point été donné de naître comme vous sans tache, daignez m'accorder que je vive de même, sans manquer à la pureté de mon âme, de mon corps. Sainte Vierge, que de demandes s'élèvent en ce jour vers vous! que de cœurs vous envoient leurs vœux! Daignez compter parmi celles qui vous sont agréables ma prière. Quel doute, ma chère Mère, quel doute affreux en ce moment où je vous écris, tient mon cœur! On dirait que ce cœur est sec, qu'il n'en jaillit aucune flamme. Maintenant je crains que la vanité me dicte ces paroles... Ah! Vierge pure, daignez faire que ce sentiment n'entre pas dans mon âme! Je sens en moi que mon esprit parle quand je voudrais que ce fût mon cœur seul!

« Prenez-moi sous votre protection, protégez-moi! Venez à mon secours! Oh! mon Dieu, sauvez-moi, je sens que j'ai besoin de vous aimer, Trinité sainte;

je suis affamé de l'amour des choses célestes, et je suis obligé de vivre sans me rassasier.

« Notre-Dame de Lourdes, protégez-moi, sauvez-moi; protégez ma famille, sauvez-la; permettez à votre enfant de vous supplier d'accorder une bonne santé à un autre de vos fils, à X., pourvu toutefois que cela ne contrarie en rien son salut. Sainte Vierge, encore une fois, venez à mon secours. Sauvez la France et les personnes qui l'habitent.

« Daignez bénir du haut du ciel votre enfant dévoué, respectueux et aimant.

« ÉDOUARD.

« Poitiers, ce 8 décembre. »

« Mai, 1880.

« MA BIEN CHÈRE MAMAN,

« Encore un bien triste voyage. Je n'ose pas espérer que nous n'ayons pas à pleurer; mais enfin que la volonté de Dieu soit faite. Comme René, il faut faire le sacrifice de tout ce qui nous est cher, et il faut aussi dire que notre vie, c'est la volonté de Dieu. C'est le seul moyen de supporter en chrétien le malheur qui peut nous arriver et de faire venir les grâces sur celui que nous pourrons perdre. Au reste, grand-père était bien prêt, et pendant les vacances de Pâques j'ai bien été frappé de la sérénité avec laquelle il envisageait la mort.

« T'ais-je dit qu'il m'avait, le jour de mon départ, dit lui-même : « Je marche comme quelqu'un qui ne « marchera pas longtemps. » J'aime beaucoup grand-père. Si je ne puis le revoir, ma bien chère maman, je t'en prie, demande-lui pardon pour tout ce que j'aurais pu lui faire souffrir, et dis-lui que je ne l'oublierai jamais, et que les fautes dont je me suis rendu coupable envers lui, je les ai faites par inadvertance, parce que je n'ai pas cessé un moment de l'aimer et de le respecter. Je parais, ma chère maman, n'avoir pas beaucoup d'espoir ; mais je crois que Dieu veut nous infliger encore cette douleur après celle de l'an passé. Je te demande pardon de te parler ainsi, sans faire attention que cela doit te faire bien de la peine ; mais j'ai besoin d'épancher ce que je sens, et j'ai le cœur bien gros...

« Si ce malheur nous frappe, ma chère maman, et s'il se peut, appelez-moi près de vous à Nantes, pour qu'au moins je puisse assister aux dernières cérémonies et voir encore celui que j'aime tant... Encore une fois pardon de mes lugubres pensées ; offrons tout cela au bon Dieu !... »

A la rentrée de 1880, Édouard trouva de grands et tristes changements dans son cher collège.

« C'est à notre première étude (écrit-il en octobre 1880) que je t'écris triste et le cœur gros, non seulement par le regret que j'ai eu de vous quitter, mais parce que j'ai trouvé ici bien des changements qui n'ont pas du tout un caractère gai. Notre messe du Saint-Esprit ne s'est pas dite au collège, mais à Sainte-Radegonde. De peur qu'on ne la ferme, l'entrée de notre chapelle est interdite au public, et c'est pour permettre aux parents et amis d'assister à notre première messe qu'elle a été dite à Sainte-Radegonde. Il me coûte de ne pas avoir un Jésuite pour professeur de philosophie...

« Je vous regrette bien; c'est surtout le soir, le premier soir, loin de vous et seul dans mon coin, que je pense à vous... Vous ne savez pas ce que c'est. Vous me regrettez, mais il vous reste quelqu'un. Les autres sont avec vous; mais moi je vous regrette et je n'ai personne, absolument personne; c'est bien triste !

« Je suis la retraite, dit-il quelques jours après, quoique les *recalés* puissent s'en abstenir; on leur laisse ce temps pour préparer leurs examens; mais je préfère la suivre, car, après tout, cela fait du bien et je pourrai quand même travailler. »

Après la retraite, il écrit :

« 17 octobre.

« Notre retraite s'est clôturée ce matin. Elle a été fructueuse, et j'espère qu'elle étendra sa bonne influence sur toute l'année. Nous sommes très contents de notre prédicateur. Il a compris que nous, qui sommes encore jeunes et qui sommes toujours restés fidèles enfants de l'Église, nous ne devions pas agir par peur, et il nous a entretenu surtout de la bonté et de la miséricorde de Dieu...

« L'instant de mon examen approche : priez bien... » (Il fut reçu en novembre.)

« Toulouse est condamné, bien chère maman, écrit-il encore, ce qui veut dire que notre tour arrive et que nous allons aussi être chassés du collège. Je me demande ce que je pourrai bien faire.

« Que René me manque!... Il m'aurait donné conseil, courage et force; je suis, je l'avoue, un peu découragé... Le collège ne rouvrira que sous forme d'externat: en ville il y aura une maison où ceux qui n'ont pas leurs parents ici iront sous la surveillance d'un abbé. C'est là que nous pourrions aller; vous m'y remettriez, n'est-ce pas?... »

« 21 décembre 1880.

« C'est encore de Poitiers que je vous écris. Je ne sais si ce sera la dernière fois...; nous sommes dans une grande ignorance de ce qui se passe à l'extérieur et de notre sort...; cela ne nous empêche pas d'être bien tristes. Il y a quelques-uns de mes camarades qui ne voient que le côté moins mauvais de l'affaire, et qui ne pensent qu'aux vacances que leur donnerait ce départ; mais je trouve cela mauvais : c'est, du reste, une minime partie. Pour ma part, j'aimerais mieux ne pas avoir de grandes vacances et rester ici toute l'année. J'aime beaucoup les Pères et j'ai quelques amis, sans compter qu'il ne s'agit pas ici seulement de mon plaisir. »

« 12 décembre.

« J'ai pensé que peut-être tu seras content d'avoir une de mes dissertations. Je te l'envoie. Tu verras que je suis encore loin de faire bien, mais que, avec du travail, j'ai des chances de réussir. »

« 18 mai 1881.

« On nous a donné bien à l'avance le sujet du concours pour le prix des anciens, afin que nous ayons le temps de le méditer. Le sujet est celui-ci : « Le Stoïcisme et le Christianisme ». J'ai une idée générale que je médite un peu. Je prendrai comme point de départ du stoïcisme la formule d'Épictète : *Abstine et sustine*. Je montrerai que là dedans il n'y a qu'une partie de la morale : les devoirs de justice et non ceux de charité. Pour le christianisme, je montrerai comment la charité, le sacrifice en est l'essence même. D'où, différence : le stoïcisme n'est au fond qu'égoïsme; le christianisme est dévouement. C'est une idée générale qui prête à beaucoup de développement et très féconde. Je cherche une manière simple et pas banale de la traiter... Je ferai mon possible...

« Notre retraite a lieu dès les premiers jours de juin... Elle ne m'ennuie pas. J'espère un peu être éclairé pour l'avenir... Je pense à cela plus que vous ne croyez... (Il expose quelques idées sur une vie bien remplie, toute consacrée à Dieu). Je ne considère plus la sortie du collège qu'avec une certaine crainte, parce que je sais que l'accomplissement de ma résolution me réserve un avenir (si court qu'il puisse être) plein de travail et de sacrifice; mais je suis résolu, et je maintiendrai. Je ne suis pas assez intelligent pour vivre par l'esprit et les travaux de l'esprit; on ne peut pas vivre uniquement par le cœur; je vivrai donc par le caractère. Ah! combien je bénis cette année qui m'a montré ces nouvelles vues de la vie, que trop peu connaissent! Il est vrai que si je n'avais rencontré les affections que j'ai rencontrées, je serais peut-être encore à penser à une vie inutile de cheval, d'exercices... Mais, pour n'être pas la cause des changements que je vois s'être produits en moi, ils n'en sont pas moins réels. — Je m'arrête; je me suis laissé emporter...

« Je n'ai pas oublié que c'est aujourd'hui pour nous un anniversaire. Je n'ai pas connu bonne maman; mais ce n'est pas un empêchement pour l'aimer et pour bien prier comme je le fais. »

« 19 juin 1881.

« J'ai parlé à M*** du grand prix des anciens : il ne m'a répondu qu'à mots couverts, mais j'ai deviné que je ne l'aurais pas... J'aurais dû peut-être le travailler davantage. Cependant j'ai travaillé et prié... Enfin [1]!.. »

Mais c'est surtout dans des carnets qu'il n'écrivait que pour lui seul, et que nous avons trouvés après sa mort, qu'il épanchait devant Dieu son âme et ouvrait son cœur.

Les extraits que j'insère ici permettront de lire au fond de cette âme candide.

[1] Il l'a obtenu, comme son frère aîné, et si je ne m'étais fait une règle de ne pas m'étendre sur ses succès, j'avais quelques détails intéressants à noter à ce sujet.

EXTRAITS DU CARNET A

JANVIER-FÉVRIER 1881

Non quæro datum tuum, sed te... offer teipsum. (*Imit.* IV, VIII.)

Audiam quid loquetur in me Dominus Deus. (*Ps.* XXXIV, 9.)

Loquere, Domine, quia audit servus tuus.

Certa tanquam bonus miles.
(*Imit.* III, VI.)

17 JANVIER

Sit tibi in cautelam et perpetuam humilitatem.
(Imit. III, VI.)

Mon Dieu, donnez-moi l'humilité.

18 JANVIER

Occasiones... hominem... qualis est, ostendunt.
(Imit. I, XVI.)

Mon Dieu, donnez-moi l'humilité, et avec elle la force de résister aux occasions mauvaises.

19 JANVIER

In cruce salus, in cruce via, in cruce protectio ab hostibus; in cruce infusio supernæ suavitatis, in cruce robur mentis, in cruce gaudium spiritus, in cruce summa virtutis, in cruce perfectio sanctitatis.

O mon Dieu, faites que votre croix soit mon salut, ma vie, ma protection contre mes ennemis du dehors et moi-même; que je trouve dans votre croix le bonheur des élus; que mon esprit en reçoive sa force, mon cœur sa joie. Enfin, que votre croix me fasse parvenir à la plus grande vertu, à la sainteté parfaite. Ainsi soit-il.

21 JANVIER

Ad te sunt oculi mei, in te confido, Deus meus, misericordiarum Pater.

Mon Dieu, je me confie entièrement à votre amour; conduisez-moi où il vous semblera bon.

22 JANVIER

O mon bon Jésus, ne laissez pas l'esprit d'impureté passer sur l'âme de mon ami.

Pour moi, qui ne mérite pas votre ciel, seigneur Jésus, qu'à votre exemple je souffre les tribulations et les angoisses de la mort que je n'ose pas vous demander... Appelez-moi à vous ou laissez-moi sur la terre; en tout cas, que je fasse votre sainte volonté et que jamais je ne sois un *Enfant infidèle.*

23 JANVIER

Certa tanquam bonus miles.

(Imit. III, VI.)

O mon bien-aimé Sauveur, vous voyez combien mon cœur souffre. Éloignez de moi ce calice, si cela se peut; mais que votre volonté se fasse. Je n'ai pas mérité d'être consolé; j'ai mérité d'être affligé; mais je compte sur votre infinie bonté. Mon cœur est brisé, je vous l'offre, mon Dieu! vous voulez le purifier et *créer en moi un cœur nouveau*, et vous voulez l'accoutumer à la souffrance pour l'amour de vous. Oui, mon Dieu, je suis prêt à tout souffrir. Je vous aime par-dessus tout.

26 JANVIER

Offer teipsum mihi cum omnibus affectibus tuis.

(Imit. IV, VIII.)

Vous savez, ô bon Jésus, si je m'offre à vous de tout cœur, avec toutes mes affections. Je vous offre ma joie et mes prières, ma vie entière. Que les fautes soient pardonnées et que vos grâces viennent en moi et m'inondent. Mon Dieu, agissez avec moi selon votre divine volonté. Je m'y conforme entièrement.

Protege et conserva animam servuli tui.

(Imit.)

O mon Jésus, conservez-moi intact et pur au milieu de cette vie. Donnez-moi surtout un cœur humble.

28 JANVIER

Domine, non sum dignus consolatione tuâ.
(Imit. III, III.)

O mon Dieu, je vous demande...
(Cætera desunt.)

30 JANVIER

Hier, anniversaire de naissance de René...

Inauguration de notre statue du sacré Cœur.

O mon Dieu, que votre sacré Cœur soit notre refuge toujours.

Aujourd'hui, pèlerinage à Sainte-Radegonde.

Le matin, messe de communion. Le soir, vêpres et salut donnés par le P. abbé de Ligugé, dernier salut donné par lui avant son départ pour l'Espagne. Encore des exilés !...

Sainte Radegonde, je vous remercie; vous m'avez consolé...

1er FÉVRIER

Sainte Vierge, ma mère et ma patronne, daignez me protéger pendant le mois qui s'ouvre. Vous m'avez assisté toute ma vie, continuez-moi cette assistance.

Saints et saintes du Ciel, saint Patron, saint Ange gardien, priez que le Seigneur trouve en moi un serviteur aimant, dévoué, obéissant, et un fils.

Mon Dieu, daignez accepter l'offrande que je vous fais de moi-même; s'il vous plaît de me retirer du monde, j'irai à la mort avec confiance dans votre miséricorde. Mais je n'ai pas mérité de mourir. Faites que je conquière ce mérite...

O cher René, cher frère qui nous as précédés dans la contemplation de Dieu, n'oublies pas, je t'en supplie, ceux que tu as laissés ici-bas et qui t'aiment de tout cœur : pardonne-moi les fautes que j'ai commises à ton égard.

3 FÉVRIER

Fili, sic dicas in omni re : Domine si tibi placitum fuerit, fiat hoc ita.

(Imit. III, xv.)

Non quæro datum tuum, sed te... Offer teipsum.

(Imit. IV, VIII.)

Mon Dieu, je vous prie pour mes bien-aimés parents, que je chéris par-dessus tout, à qui je dois tout après vous.

Je vous prie pour mes grands parents, pour mes frères et sœurs.

Continuez à Louise son bonheur ainsi qu'à son mari. Que Marie en obtienne un pareil. Que Noémi se donne à vous et mette une fin à ce désir. Que Charles soit un fidèle enfant de l'Église.

Je vous prie encore pour M. l'abbé de la F., que j'aime tant, et pour les Pères avec qui j'ai été en relation. Je vous fais, mon Dieu, une prière spéciale pour mon ami X. Vous savez mon affection. Si je dois le précéder dans votre royaume, conservez-le intact ici-bas. Si je dois être réduit à le pleurer, faites-moi le mérite de mourir afin d'aller au ciel dans la contemplation de votre divin amour.

Protégez, mon Dieu, Alfred L., Roger de P. d'A., ma cousine M...

Mon Dieu, je vous offre toutes mes affections. Elles sont toutes là.

5 FÉVRIER

Mon Dieu, mon cœur est brisé, mais je vous l'offre. Sainte Vierge, prenez-moi sous votre protection.

6 FÉVRIER

O sacré Cœur de Jésus, dont la statue a été placée dans l'église de La Boissière il y a quelques jours, prenez-moi sous votre protection.

Confitebor adversum me injustitiam meam.
(Ps. XXXI, 5.)

J'ai repris aujourd'hui mes lectures de l'Imitation. C'est bien agréable d'avoir un tel livre, qui cherche et trouve la maladie sans qu'on prenne le souci de dire où on souffre... J'ai bien souffert ces jours-ci...

Mon Dieu, que je me dévoue aux plus nobles causes, à celle du Pape et de l'Église, de la France chrétienne et opprimée, à la cause du bien des âmes...

10 FÉVRIER

Audiam quid loquatur in me Dominus Deus.
(Ps. XXXIV, 9.)

12 FÉVRIER

Fluat ut ros eloquium tuum.
(Imit. III, II.)

Mon Dieu, que votre parole rafraîchisse mon cœur comme une rosée...

La fleur ne doit pas sécher au mois de mai, dans sa première jeunesse; elle doit, en disparaissant, faire place au fruit...

Faites-moi souffrir, je vous en prie. *Non recuso laborem.* Avec le travail, donnez-moi la force de travailler, la force de souffrir...

16 FÉVRIER

Frequenter recurrendum est ad fontem gratiæ et divinæ misericordiæ, ad fontem bonitatis et totius puritatis.
(Imit. IV.)

17 FÉVRIER

Diligentibus Deum omnia cooperantur in bonum.

Allons, de la virilité maintenant, de la force! *Aime Dieu, et va ton chemin.*

18 FÉVRIER

Multo infirmior es quam vales comprehendere.
(Imit. III, II.)

Je me confie en vous, je vous aime, mon Dieu. Je sais que vous me mènerez au ciel. Je vous aime de tout mon cœur, par-dessus tout. Prenez-moi au Ciel. Malgré les attaches saintes et pures de mon cœur à la terre, j'irai à vous comme à mon meilleur Père, à la mère la plus dévouée et la plus chère, à l'ami le plus sincère et le seul vrai.

Mon Dieu, je vous demande l'amour du travail et l'humilité...

Je m'offre tout entier à vous avec tout ce que je possède de bonheur, de douleurs, de peines tant physiques que morales. Je vous demande de souffrir ; la souffrance est le meilleur des sacrifices... Je vous le demande avec humilité, en même temps que je prie afin d'avoir la force inébranlable de souffrir beaucoup pour vous, par amour de vous.

Mon Dieu, donnez-moi d'être le plus humble de tous.

EXTRAITS DU CARNET B

FÉVRIER-MARS 1881

Jésus, Marie, Joseph, soyez mes soutiens.

22 FÉVRIER

Et tu fons es semper plenus et superabundans, ignis jugiter ardens et nunquam deficiens.

(Imit. IV, IV.)

Mon Dieu, je viens vous prier pour tout ce que j'aime. Je vous prie pour mes parents, pour mes grands parents, pour mes frères et sœurs. Mes parents, ils sont la plus grande passion de mon cœur après vous, mon Dieu ! Oh ! donnez-leur toutes sortes de biens spirituels et temporels. Que je sois la consolation de leur vieillesse qui s'annonce et un souvenir vivant de leur fils aîné.

Pour mes frères et sœurs, vous savez si je les aime ! vous savez, mon Dieu, si je donnerais volontiers ma vie pour le bien de leurs âmes ! Je vous prie spécialement pour la première communion de

Charles. Qu'il vous reçoive pour la première fois avec les sentiments que dut avoir saint Jean le jour de la cène... Oh! mon Dieu, faites-moi souffrir: que j'obtienne toutes ces grâces!... Que je vous aime avant tout et que je sois humble de cœur et d'esprit!

24 FÉVRIER

Hoc age et cura ut Deus sit in omni re quam facis.
(Imit. II, II.)

Mon Dieu, je veux dorénavant toujours agir de façon que vous soyez dans toutes mes actions. Mon Dieu, je crois à l'efficacité des prières que je vous fais ainsi tous les soirs, dans ces sortes de conversations où mon cœur parle et vous prie. Aussi, mon Dieu, je vous demande de me faire souffrir pour que j'acquière ce mérite de vous voir dans toutes mes actions, dans mes prières, dans mon travail, dans mes affections, dans tout moi-même...

Mon Dieu, vous voyez ma faiblesse; je languis dans votre service. Donnez-moi de sortir de cet état par une voie de souffrance.

2 MARS

Memento quia pulvis es et in pulverem reverteris.

... Ce qui ne retournera pas en poussière c'est le bien qu'on aura fait...

Mon Dieu, vous voyez combien je souffre; je vous remercie de me faire souffrir pour le carême. J'ai confiance en vous, vous m'avez conduit; vous ne m'abandonnerez pas à moitié route.

4 MARS

Ecce quem amas infirmatur.

Mon Dieu, pardon! Voici l'heure de l'épreuve. *Fiat voluntas tua!*

Et vere bene doctus est qui Dei voluntatem facit et suam voluntatem reliquit.

(Imit. I, III.)

Oui, mon Dieu, que votre volonté soit faite et non la mienne; ce que vous faites est pour mon bien, mon bien spirituel et mon bien temporel...

6 MARS

... Mais, s'il se peut, éloignez de moi ce calice, sinon je suis prêt à le boire; donnez-moi le courage d'aller jusqu'à la lie. A ce train-là, sûrement je mourrai bientôt.

Je consentirais facilement à mourir si ce devait être pour l'amour de Dieu et de sa sainte cause... J'ai commencé la neuvaine de la Grâce : oui, mon Dieu, vous exaucerez saint François Xavier, le roi des saints dévoués, l'ennemi de l'égoïsme!

Oh! la vilaine chose qu'un égoïste!

7 MARS

Si quæris in omnibus Jesum, invenies utique Jesum.

J'avais cherché Jésus et j'ai trouvé partout Jésus, mon bon Jésus que j'aime tant et par-dessus tout!...

Ce que j'ai souffert ces jours-ci a été dur...

Je veux faire chanter à mon âme le bien, le bien qui est Dieu. Quoi de meilleur, quoi de plus suave, de plus harmonieux, de plus tendre, de plus viril, de plus consolant, de plus aimable que le bien? Ce que j'en sais mon âme est impuissante à le répéter. C'est quelque chose qui tient du plus sublime enthousiasme et du respect le plus profond. Que sommes-nous auprès du bien? et nous sommes pourtant créés pour lui! et nous agissons comme si nous étions créés contre lui. — Ah! le Bien, le Juste, le Beau, Dieu!

8 MARS

Pater amande, dignum est ut hac hora patiatur pro te aliquid servus tuus.

(Imit. III, L.)

Mon Dieu, j'ai grande confiance en vous.

... Sainte Vierge, saint Joseph, saint François Xavier, ne nous oubliez pas.

Et toi, mon cher frère, mon cher René, peux-tu m'abandonner de là-haut? La neuvaine de la Grâce se clot le 12. Ne m'oublies pas. Accorde-moi, je t'en prie, la virilité pour moi avec l'ardeur de la jeunesse...

Mon Dieu, je vous renouvelle toutes mes prières.

9 MARS

Je mets aujourd'hui en texte tout le chapitre LIV du livre III de l'*Imitation*. Quel livre !

Mon Dieu, je vous remercie et vous rends grâces du plus profond de mon cœur. Vous êtes bon, je vous aime et veux vous aimer toujours du plus profond de mon cœur. Je veux vous servir...

J'aimerais mourir vers trente ans, après m'être déjà fait connaître pour un partisan dévoué et obéissant de l'Église... Et peut-être je ne ferai aucun bien dans le monde... Mon Dieu, que ma vanité souffre; mais appelez-moi à vous le plus tôt possible... Ne me laissez pas vivre inutilement... Donnez-moi la fidélité, la générosité, la virilité, la piété...

Mon Dieu, faites que je vous aime, que je souffre pour vous, que je me corrige de mes défauts...

14 MARS

Eia, fratres, pergamus simul, Deus erit nobiscum.

(Imit.)

Oui, marchons, marchons tous ensemble. Jésus sera avec nous. Travaillons, allons au travail avec ardeur, à la souffrance avec actions de grâces...

16 MARS

Adhuc Ego vivo, dicit Dominus, juvare te paratus, et solito amplius consolari: si confisus fueris mihi et devote invocaveris me.

(Imit. III, LVII.)

Mon Dieu, j'ordonne ma vie selon vos saintes vue sur moi. Que votre volonté se fasse! Prenez-moi, ou, si vous me laissez, donnez-moi de vous aimer toujours.

17 MARS

Omnia ex te.

(Imit. III, XX.)

Oui, mon Dieu, tout vient de vous; tout ce que vous m'avez donné et rien de bien ne m'est venu sans vous. Et cependant je n'ai pas profité de vos bienfaits, je n'ai pas joui de vos grâces... Mais je vous aime et me corrigerai... Je m'offre avec toutes mes affections : si pénible que me soit ce sacrifice, s'il est utile à ceux que j'aime et à moi, je suis prêt à l'accomplir...

18 MARS

Loquere, Domine, quia audit servus tuus.

C'est demain la fête de saint Joseph.

Grand saint, je viens vous prier pour tous ceux que j'aime...

Pour mes parents, mes sœurs Louise, Marie,

Noémi...; pour Noémi, je sais que je vais avec ses désirs en vous demandant de réaliser ses vœux d'être religieuse. C'est dans une vie nouvelle d'abnégation, de sacrifices qui peut-être ne manque pas de dégoûts parfois, qu'elle va entrer. Elle va toucher aux misères de l'humanité, elle qui n'en a vu que le côté céleste, et elle sera initiée aux infirmités. Grand saint, donnez-lui de ne pas défaillir dans ce rude chemin.

. . . .

Et toi, cher René, cher frère du Ciel, ah! pourrais-je ne pas penser à toi? Tu as été mon exemple et tu ne m'abandonneras pas. Tu sais si j'ai confiance en toi. Cette confiance ne sera pas trompée. Je te prie pour nous tous, aux intentions que tu sais.

Mon Dieu, je me remets entièrement à votre bonté. Je vous aime.

Terminé le vendredi 18 mars 1881.

Peut-être cette nuit mourrai-je: saints et saintes, protégez-moi.

EXTRAITS DU CARNET C

MAI 1881

MOIS DE MARIE

6 MAI

Domine Deus meus, ne elongeris a me.

(Ps. LXX, 12.)

... Mon Dieu, je m'offre à vous avec mes affections suivant votre demande... Ce que je suis, ce que j'ai, ce qui constitue ma vie, mon esprit, mon cœur, mon âme, je le dépose, Seigneur, à vos pieds et à ceux de votre divine Mère, dont c'est le mois, pour qu'il n'y ait rien qui ne soit béni et fécondé par vous. Je vous demande de me donner l'esprit d'abnégation, de dévotion, de travail : *Cum his tribus libenter vivam.* Ce sont trois soutiens que je vous demande...

7 MAI

Erige cor meum ad te in cœlum, et ne dimittas me vagari super terram.

(Imit. IV, XVI.)

Donnez-moi, mon Dieu, donnez-nous l'esprit de sacrifice...

Leva faciem tuam in cœlum.

(Imit. III, XLVII.)

Soyons réglés en tout : dans nos affections, dans nos prières, dans notre travail, dans nos jeux; j'ai besoin de me régler...

11 MAI

Deus, Deus meus, ad te de luce vigilo. Sitivit ad te anima mea.

Moveat te suspirium meum.

(Imit. III, XXI.)

13 MAI

Omnes deliciæ mundanæ aut vanæ sunt aut turpes. Spirituales vero deliciæ solæ jucundæ et honestæ, ex virtutibus progenitæ et a Deo puris mentibus infusæ.

(Imit. II, X.)

Ce passage semble écrit pour moi : ... *Nam ego servus tuus et filius ancillæ tuæ...*

14 MAI

Je communie demain pour ceux qui me sont chers... Mes parents morts et vivants, mes amis, mon avenir : voilà ce que je recommanderai à Dieu. Je lui recommanderai mes chers parents, mes sœurs, mon cher petit frère Charles, qui bientôt, lui aussi, communiera pour la première fois...

L'année prochaine, Noémi nous quittera...

Je recommanderai aussi ma vocation.

Je suis appelé. Où ?...

C'est par un jour comme celui-ci que je voudrais prier à Lourdes, seul en face de la statue aimée; ou avec ma famille et ceux que j'aime. O Mère de Lourdes, mon imagination, inspirée par mon cœur, retourne à votre grotte. Je suis à vos pieds toujours parés de roses, et d'épines aussi. Je bois à votre source. Je répands cette eau sur mon front, pour que toute mon intelligence soit à vous; sur mon cœur, pour que tous ses battements soient pour vous; sur mes mains, pour qu'elles demeurent pures et ne refusent jamais le travail; sur mes sens, pour qu'ils ne soient jamais mis au service d'une mauvaise passion et pour que votre eau soit un obstacle aux dangers du dehors. J'en bois pour qu'il n'y ait rien en moi qui ne soit à vous, et pour que l'intérieur aussi bien que l'extérieur soit sous votre protection.

O Vierge! je prie dans votre basilique, au milieu de tant de souvenirs, de tant de témoignages de reconnaissance. Avec ces lampes allumées, je brûle devant vous de l'amour de votre fils, du vôtre, de l'amour des choses célestes, de l'amour des hommes, de l'amour de la famille, de l'amour de notre pauvre patrie. Je prie auprès de ce Gave qui accompagne ma prière de son harmonieux et grand murmure. C'est que mon cœur et mon âme chantent. *Si gaudium sanctum infudis, erit anima servi tui plena modulatione.* Je prie avec le ciel bleu au-dessus de moi, et rien entre cette immensité du ciel et moi. Je prie de toute la force de mon cœur pour mes intentions habituelles. Ah! au sein de ces montagnes vous êtes placée près du ciel; vos pèlerins s'élèvent lorsqu'ils viennent vous voir. Je lève les yeux vers vous; j'étends mes bras vers votre image. Les larmes me viennent aux yeux. Mon front touche le rocher qui a dû frémir sous votre corps sacré. O ma Mère, ô Vierge de Lourdes! et puis, je reviens, je salue une dernière fois bien tendrement votre grotte où brûlent les cierges que j'ai placés, et je me laisse emporter gardant le souvenir le plus pur, le plus consolant, le plus plein d'espérance. Alors je me remets à mon travail, à ma vie de chaque jour sous votre protection. J'ai prié comme j'aime à prier, *ex abundantia cordis*, avec effusion, sans paroles; et je suis réconforté. Ah! sainte Vierge, que je voudrais faire tel voyage! Bénissez cette visite de mon imagination, de mon cœur, et que l'un et l'autre, que j'ai rafraîchis à votre source, conservent cette fraîcheur et la communiquent aux autres.

16 MAI

Oculi omnium sperant in te, Domine, et tu das illis escam in tempore opportuno.

17 MAI

Quid retribuam Domino pro omnibus quæ retribuit mihi.

Je voudrais consacrer ma vie à relever le règne social de Jésus-Christ... Il me semble que je ne suis pas appelé à la vie religieuse. Mais, *in manibus Dei, sortes meæ...*

Que ferai-je l'année prochaine? Que ferai-je dans un an, deux, trois, six, dix ans? Vivrai-je encore? Ceux que j'aime vivront-ils? Mes parents, mes frères et sœurs, mes amis, où seront-ils? Ignorance, ignorance complète, qui serait terrible si nous n'avions le grand secours en l'abandon de Dieu. Je me laisse aller dans ce grand fleuve au fil de l'eau, quoique je sache y fort mal nager.

18 MAI

Ignis probat ferrum et tentatio hominem justum.

(Eccl. XXVII, 6.)

C'est donc une grâce que Dieu fait lorsqu'il envoie des tentations à ses serviteurs, et c'est une grande grâce, puisqu'il les fait sortir de ces épreuves réconfortés et plus vigoureux. Je remercie donc Dieu de m'envoyer les tentations qu'il m'envoie. Je le remercie de me soutenir; mais, ce que je lui demande le plus, c'est de me donner sa grâce pour que je puisse résister à ces tentations.

C'est aujourd'hui un triste anniversaire pour papa, à qui j'ai écrit une lettre qui, sans doute, lui fera plaisir.

La retraite de fin d'année, de vocation, comme on dit, approche.

Loquere, Domine, quia audit servus tuus.

Je vous écoute, Seigneur, et je suis prêt à votre saint service; je suis prêt à obéir avec amour et humilité à tout ce que vous voulez de moi.

Erige cor meum ad te in cœlum, et ne dimittas me vagari super terram.

(Imit. IV, XVI.)

C'est la deuxième fois que je mets ce texte; il me plaît beaucoup. C'est que je divague trop sur la terre et qu'il faut que mon cœur soit élevé à Dieu pour qu'il ne se perde pas en rêveries amollissantes. Mon cœur s'élève à Dieu par la prière d'abord, par le travail, par des moments de piété ardente où je mêle dans le cœur de Jésus et de Marie mes fautes et le peu de bien que j'ai pu faire, les occasions bonnes perdues et celles employées, tout mon cœur enfin...

Dimittere eos jejunos nolo ne deficient in via.

(Matth. XV, 32.)

21 MAI

Venite ad me omnes qui onerati estis et laboratis, et Ego reficiam vos.

3*

Quelle parole! et qu'elle donne espoir! C'est vous-même, mon Dieu, qui l'avez dite, et c'est à vous que je la présente...

Oui, mon Dieu, j'irai à vous demain dans cette chapelle de congrégation où vous m'avez comblé de tant de grâces. J'y prierai pour toutes mes intentions habituelles. Je vous dévoile le fond de mon cœur, de mon esprit, de mon âme. Enlevez, enlevez ce qu'il y a de mal, et que votre sainte visite me soit un gage pour l'avenir.

Mère des chrétiens, Vierge Immaculée, secours des fidèles, je viens à vous confiant quoique avec humilité, et je vous prie de m'exaucer.

22 MAI

Certa tanquam miles bonus.

(Imit. III, VI.)

... Je combattrai comme un bon soldat. Un soldat ne cherche pas à commander, il ne fait qu'obéir; il suit sans dévier la route qu'on lui marque : ainsi je suivrai les conseils qu'on me donnera et je briserai tout, dussé-je briser mon propre cœur, pour suivre Jésus, le Seigneur, le Christ. Là seulement est le vrai repos; après la route aride du désert on est heureux de se trouver pour toujours dans l'oasis du ciel:

Qu'importent les soucis, les pleurs, les vœux déçus,
Si Dieu nous ouvre enfin, quand sa main nous arrête,
La céleste oasis que l'on ne quitte plus [1]...

[1] Voir dans le livre de René la pièce intitulée : l'*Oasis*.

23 MAI

Diligantur omnes propter Deum, Jesum autem propter seipsum...

Quia post hiemem sequitur æstas, post noctem redit dies et post tempestatem magna serenitas.

(Imit. II, VIII.)

Mon Dieu, vous savez bien que je vous aime : *Tu scis, Domine, quia amo te.* Mais je veux vous aimer en vrai fils et en vrai serviteur. En vrai fils, j'aurai pour vous cette piété, cette affection fidèle et tendre, cette confiance intime, cet abandon de mon cœur dans le vôtre, de mon cœur avec ses peines, ses joies, ses affections. Tous les jours je vous l'offre, ô mon Dieu ! C'est que j'en sens le besoin tous les jours. Ah ! Dieu de foi et de vérité, donnez-moi d'avoir, de conserver toujours la même foi dans toutes les circonstances de la vie, et d'aimer toujours votre sainte vérité. Sainte Vierge, votre mois va se clôturer : vous comprenez mes prières, mes prières ardentes. Tout ce mois, nous n'avons pas manqué de vous implorer. Partout, a dit votre divin fils, où deux personnes se réuniront pour prier en mon nom, quoi qu'ils demandent, ils l'obtiendront. Vous savez, Vierge sainte, les grâces qui nous sont le plus nécessaires. Ce sont celles-là que nous avons demandées, et nous les obtiendrons...

Ah ! Notre-Dame de Lourdes, cette journée que j'ai passée près de votre sanctuaire, délicieuse journée, gage de tant de bonheur et d'une fidélité ardente et inébranlable à votre divin fils!... Protégez-nous, protégez-moi, protégez la France!...

24 MAI

Munda cor meum et labia mea, omnipotens Deus. — Oui, mon Dieu, purifiez-moi!...

EXTRAITS DU CARNET D

JUIN-AOUT 1881

J. M. J.

A. M. D. G.

AU NOM DU PÈRE, ET DU FILS, ET DU SAINT-ESPRIT
AINSI SOIT-IL

Je commence une retraite qui doit être sérieuse, parce que je veux me pénétrer de cette vérité qu'une seule chose m'est nécessaire : le service de Dieu. Je veux prendre la résolution ferme et inébranlable de ne jamais rien faire qui ne tende à ce service, et je veux, après m'être convaincu qu'il faut que je parvienne à cette fin dernière, vers laquelle se transporte mon être entier, je veux choisir une route où cela me soit facile. Esprit-Saint, venez donc dans mon cœur et dans mon esprit; venez, illuminez-moi de votre lumière, vous le Père des pauvres, mon Père, vous qui apportez le don de la grâce; venez, demeurez en moi afin que je voie clairement, pendant ces trois jours consacrés à Dieu, d'abord la bonté, la providence et toutes les perfections de Dieu à qui je tends, puis le chemin que je dois suivre pour y parvenir, enfin mes fautes et mes égarements, afin que je les répare. . . . . .

. . . .

Je n'ai rien décidé sur ma vocation. Le bon Dieu veut un autre temps et plus de loisirs. Mais j'aime, j'aime le bon Dieu, l'Eucharistie, et je séntirai les fruits de cette retraite. Mon Dieu, mon bon Jésus, que je vous remercie de m'avoir rendu la paix, d'avoir donné la tranquillité à ce pauvre cœur qui veut vous servir et faire votre divine volonté... Dans les dispositions où je suis, vous ne pouvez, ô bon Jésus, que m'envoyer du bonheur. Les pensées calmes, consolantes, douces et sérieuses viennent de vous. Le reste, le trouble, une émotion excessive, une hésitation, viennent du démon... Je cours à vous, mon Dieu, comme un enfant. Je vous remercie du fond du cœur des nombreuses grâces de cette semaine, de cette retraite, de tout ce que j'y ai ressenti. Vous lisez dans mon cœur, et vous y voyez ce qui s'y trouve de remerciements sans fin. Veuillez les agréer, ô mon très doux et très bon Jésus, ma vie, mon amour, mon Dieu, mon tout. Mais je prends des résolutions que je veux tenir avec votre divine grâce.

La première, une importante et qui a trait à ma conduite générale, est d'être toujours *gai* là où il ne faut pas être triste. Arrière les humeurs noires, les petits chagrins, les mille ennuis sans cause. Je serai toujours joyeux, parce que j'aurai la conscience en paix et que je vous aimerai.

. . . .

. . . .

J'ai fini ma retraite. Je consacrerai demain tous ces jours en vous recevant, mon Dieu... Je vous demande pardon pour mon passé, et je vous remercie également du fond du cœur. Je suis à vous... Je vous demande de bénir ceux qui m'aimant ont prié pour moi, ceux qui m'ont aidé, favorisé. Encore une fois, mon Dieu, je suis à vous.

Dimanche 12 juin, fête de la Sainte-Trinité.

Levavi oculos in montes, unde veniet auxilium mihi.

18 JUIN

Pone me ut signaculum super cor tuum, ut signaculum super brachium tuum.

Mon Dieu, jeudi dernier nous avons eu la procession de votre divin corps. Je vous ai prié, et je suis sûr que vous m'avez exaucé. Je vous demande pardon de mes manquements. J'étais heureux de porter la bannière de la congrégation, parce qu'ainsi je contribuais davantage à cette manifestation de reconnaissance et d'adoration. Je vous ai demandé que je tienne toujours aussi de cette façon votre bannière dans le monde : j'ai le ferme espoir que vous m'exaucerez...

. . . .

Sacré Cœur, je vous ai placé comme un signe sur

ma poitrine; que toujours mon cœur soit à vous! Prenez-moi; je m'offre tout entier à vous.

21 JUIN

Fête de saint Louis de Gonzague.

O mon Dieu! que je vous remercie!

28 JUIN

Demain, première communion de mon petit frère Charles. O mon Dieu! bénissez-le!

29 JUIN

Baby a communié ce matin pour la première fois. Que j'aurais voulu être à Pau! Mon Dieu, exaucez les prières qu'il fera pour nous tous, je vous en prie.

Benedico te, Pater cœlestis, Pater domini mei Jesu Christi, quia mei pauperis dignatus es recordari. (Imit.)

Amor Jesu nobilis, ad magna operanda impellit et ad desideranda semper perfectiora excitat.

Nihil dulcius est amore, nihil fortius, nihil altius, nihil latius, nihil jucundius, nihil plenius, nihil melius in cœlo et in terra; quia amor ex Deo natus est, nec potest nisi in Deo super omnia creata quiescere. Amor vigilat et dormiens non dormitat. Deus meus, amor meus, tu totus meus et ego totus tuus. Opor-

tet amantem omnia dura et amara propter dilectum libenter amplecti nec ob contraria accidenta ab eo deflecti.

19 JUILLET

Pau.

Grâce au bon Dieu, à la sainte Vierge, j'ai été reçu. J'avais beaucoup prié, et on avait beaucoup prié pour moi; les prières ont été exaucées. Faites, mon Dieu, que je ne vous paye pas d'ingratitude. On m'a donné, comme sujet de dissertation, l'*Idéal*. Comme j'aurais dit de belles choses, si je n'avais pas été retenu par la peur et la philosophie.

Je ne puis plus prier sans qu'il vienne se mêler à mes prières un souvenir de Poitiers. *Absens autem corpore, præsens tamen spiritu.* Pourquoi dit-on *spiritus?* On devrait dire *cor* ou *pectus;* ce serait plus énergique et plus vrai. En effet, lorsqu'on est présent par la pensée à un lieu dont le corps est absent, ce n'est jamais par l'esprit si le cœur ne s'en mêle... Oh! pauvre collège, oh! Pères, oh! mes chers amis, je vous suis bien présent *pectore*.

La vie du monde est agréable, mais vide. C'est une formation, celle de l'extérieur de l'homme; l'intérieur, trop souvent, y tombe en pourriture. Sépulcres blanchis. Blanchissons-nous, ce sera toujours cela. Et puis, on peut bien conserver son intérieur beau et son extérieur à l'instar de l'intérieur.

... Aimer le monde, c'est avouer qu'on aime le

vide. Et toutefois il y a tel coin du monde plein de joies pures et fortifiantes, de bonnes paroles, de formation agréable, de douces consolations.

Eaux-Bonnes.

La montagne est quelque chose de bien beau. C'est l'*idéal* de la majesté. Forêts, pics nus, grottes, cascades, rien n'égale votre grave et terrifiante beauté. Je comprends les gens à cervelle chaude, qui se jettent dans un précipice. Je trouve qu'au fond de chaque gorge, il y a comme une fascination, une voix pareille à celle du roi des aulnes qui vous appelle. On est entraîné, et on meurt comme l'enfant.

Que je voudrais que mon ami X*** fût ici. Nous irions ensemble, nous causerions, nous nous promènerions, nous prierions, nous monterions à cheval, et tout cela ensemble...

Custos esto tui custodis... pareils à deux arbres qui, incapables de se soutenir séparés, se soutiennent mutuellement pour vivre et résister à la fureur du vent...

Mais on pense à moi, et je pense à eux. Agréables pensées. La télégraphie électrique du cœur, dont parle le P. Gratry, est plus vraie que je ne croyais...

et leurs pensées
Se croisent dans la nuit, divins oiseaux du cœur.

Heureux, mille fois heureux quand ces pensées, après leur rencontre, s'élèvent directement au ciel. Oui, heureux ceux qui s'aiment ainsi. *Fortitudo*, voilà leur devise. Et l'*Imitation*, en ce cas, a bien raison de dire : *Nil fortius amore.*

21. JUILLET

Qu'un père est malheureux quand il sent son fils s'en aller peu à peu, et qu'on ne peut rien contre le mal qui l'emporte ! O douleurs d'une maladie qui dure ! Mon pauvre frère les a senties. Mais moi je l'ai si peu vu, je me rendais si peu compte de son état, que je ne me suis pas figuré, quand il vivait, tout ce qu'il devait souffrir. C'est maintenant que je l'aime surtout, maintenant que je le regrette, que je soupire après lui, que je comprends ma perte. Mais il est là-haut et veille. Oh ! oui, la mort est une affreuse chose, et si l'on ne savait que c'est Dieu qui vous reçoit après la mort, si l'on croyait au néant, on ne pourrait s'empêcher,

Pour une heure de mort d'avoir vingt ans de crainte.

Mais vous ne pensez donc jamais à la mort, vous qui ne croyez pas à Dieu ! Ah ! pensez-y, pensez-y au moins un jour avant votre fin, cela suffira pour vous convertir...

Mon cousin A. B*** est mort d'une manière bien

triste : jeune, officier de spahis, au seuil de sa carrière...

Mon Dieu, je vous prie, ne l'oubliez pas; songez que c'est pour lui que votre divin sang fut répandu, et que vous êtes mort; sainte Vierge, ne l'oubliez pas... La mort est venue comme un voleur : elle vient souvent ainsi. Ah! vous tous qui m'êtes chers, il faudra un jour que nous nous séparions sur la terre; que la mort nous trouve prêts ; qu'elle nous prépare elle-même par ces terribles antécédents, cette prévision qui ne trompe pas les malades. Alors nous ne penserons plus qu'à Dieu, à ce paradis où nous voulons entrer... Nous mourrons avec la certitude de nous revoir dans le sein de Dieu, de ce Dieu qui, après avoir réjoui notre jeunesse, nous recevra après nos derniers moments. *In te Domine, speravi; non confundar in æternum.*

Que l'Église est belle, lorsqu'elle pleure un de ses fils : elle mêle la tristesse à la consolation. Elle ne pleure pas; elle regrette. Elle ne se réjouit pas non plus ; elle espère. Regrets, regrets de tout ce qui a été un don de Dieu ici-bas, regrets de sa vie, de ses nobles pensées, de ses hautes aspirations, de ses volontés pures, de ses affections élevées et fortes. Espérance dans la bonté de Dieu, notre Père, dans sa propre confiance, car Dieu bénit toujours la confiance en lui. Mais cependant je trouve la mort terrible. Vivons comme si nous devions mourir à chaque instant. Saint Paul, je crois, disait qu'il mourait tous les jours. Mourons aussi, c'est-à-dire ayons toujours dans la pensée l'idée de la mort; c'est ce qui fait le courage de la vertu.

Quelle promenade à la montagne verte! Éreinté!... C'est déplorable comme le physique agit sur le moral... Dès que je suis fatigué, je suis hébété.

10 AOUT

La Boissière.

J'ai dix-sept ans aujourd'hui. O Dieu de toute bonté, je vous remercie de l'année qui vient de s'écouler. Que ma dix-huitième année soit aussi heureuse! Donnez-moi de vous aimer toujours davantage, et de me sacrifier pour vous. A votre divin service, on est toujours assez heureux : je vous demande d'y demeurer toujours, et de n'aimer que vous, par vous et en vous.

Merci, mon Dieu, de toutes les affections que vous m'avez fait rencontrer dans le cours de l'année, et qui ont été ma force, mon soutien, mon bonheur.

Daignez me les conserver en les dirigeant selon votre bon plaisir; daignez faire que je sois pur et humble de cœur, et charitable; daignez me faire connaître ma vocation : *Loquere, Domine, quia audit servus tuus.* Daignez me donner l'amour du travail, et aussi, pourvu que je n'en tire pas vanité, le succès dans ce travail. Quelle va être cette année? O mon Dieu, je me remets pour tout à votre sacré Cœur. Sainte Vierge, saints Anges, saints patrons, saintes âmes du purgatoire, cher frère René, merci, merci de tout cœur des grâces que vous m'avez obtenues. Oh ! continuez-moi une protection si douce, si efficace, si tendre, si fortifiante.

Je veux être *assez fort pour souffrir, assez pur pour aimer,* et mettre *in manibus Domini sortes meæ*. Confiance ! Espoir !

Laus Deo!

Muni de son diplôme, obtenu le 12 juillet 1881, Édouard revint près de nous. Sa santé ne nous donnait pas alors de préoccupations ; les cruels avertissements de la catastrophe du 13 mars 1879 nous rendaient craintifs à l'excès ; toujours en éveil, toujours sur le qui-vive, j'avais fait surveiller Édouard d'une façon toute spéciale, non seulement par ses maîtres, qui l'entourèrent d'une grande sollicitude, par les médecins éclairés préposés aux soins des élèves et auxquels des recommandations spéciales avaient été faites, mais encore par les meilleurs docteurs de la Faculté de Poitiers [1] et par notre médecin si distingué, notre ami si devoué, le docteur Daran, de Pau. Jamais il ne nous fut dit que le séjour à Poitiers et au collège lui fût préjudiciable, et, en effet, jamais il n'y fut malade, ni même sérieusement indisposé.

Ce ne fut que bien après sa sortie et lorsque, rentré dans la famille, il en suivait le régime et en recevait les soins, que les premiers, mais faibles symptômes du mal se manifestèrent. On ne les considérait pas comme graves; on n'y voyait qu'une

[1] Je dois des remerciements particuliers au docteur Guérineau, que la mort a enlevé.

crise de l'âge, une délicatesse de tempérament, un motif de précaution, une nécessité de régime... Quelques mois avant l'invasion foudroyante du mal, les inquiétudes surgirent, et il fallut lutter, vainement, hélas !... car la sentence divine était portée : rien ne put la détourner ni la fléchir[1].

Édouard passa avec nous l'hiver de 1881 à 1882, occupant ses loisirs par un travail modéré, coupé par l'exercice que permettaient les beaux jours et quelques modestes distractions.

Au printemps de 1882, et lorsque les brumes hivernales de l'ouest eurent disparu, il désira rentrer à Poitiers, et il y vécut d'une vie qui n'était que la prolongation de celle de la famille, grâce à l'affectueux appui d'un prêtre qui l'avait aimé et apprécié au collège, et qui voulut bien l'entourer d'affections et de soins vigilants[2].

La correspondance d'Édouard est encore ici plus intéressante pour ceux qui l'ont connu que ce que je pourrais dire et fera mieux pénétrer dans sa vie d'étudiant chrétien.

[1] Peu de temps après la mort de Noémi, un bon domestique disait à ce pauvre enfant : « Soignez-vous bien, M. Édouard, car vous seriez le *troisième!...* » Il avait compris, et répétait en souriant tristement ce propos !

[2] M. l'abbé de la Ferrière me permettra-t-il d'exprimer ici fort incomplètement, mais bien sincèrement, ma vive et profonde gratitude pour le bien qu'il a fait à mon fils et à nous. Il sait quels étaient les sentiments de respectueux attachement et de reconnaissance que nourrissait pour lui Édouard.

« Poitiers, 9 mai 1882.

« Ma chère Maman,

« Ma dépêche vous aura dit ma bonne arrivée, mais je suis un peu triste. Je suis *royalement* installé; ce qui me manque, c'est vous: j'espère, avec le temps, m'accoutumer à cette privation, plus dure que je ne pensais... Enfin

Il faut avant tout être un homme;
On s'occupe après d'être heureux...

« ... Si ces pensées sérieuses ne me soutenaient, avec des prières, je regretterais trop Pau. Je crois que cette ville me fera du bien au point de vue du travail. Mais ne m'oubliez pas, car vraiment j'ai encore le cœur gros de ma séparation, et il y a bien peu de choses qui vaillent la famille... Le temps est beau, et de ma fenêtre j'ai vue sur les rochers du Clain; cela ne vaut pas, à mon gré, les magnolias et les sapins de notre cour... Ne me croyez pas cependant en pleurs: je sens ma tristesse, mais ne la laisse pas paraître au dehors. Et puis, ne serais-je pas ridicule de me plaindre?... »

« Mai 1882.

« ... Je suis loin d'être malade; je suis très bien, mais je le pense et souvent je l'ai dit au père Jourdain, je vous regrette : il n'y a rien au-dessus de la famille quand on s'y aime bien...

« J'ai reçu hier une lettre de Noémi qui m'a fait très grand plaisir. En la lisant, j'ai eu les larmes aux yeux. *Optimam partem elegit, nec auferetur ab ea...* Mais pour vous, quel vide ! Alors il faut ajouter : *Sursum corda...* Ma chambre est tendue de vert; tout est vert : au milieu, sous la table, un tapis vert; sur la table, un tapis vert; des rideaux verts à la fenêtre et à mon alcôve, des fauteuils et un prie-Dieu verts, une couverture de lit verte, les bordures des panneaux de la chambre verts, et le tout du même vert : à mon gré, il y en a un peu trop !... »

« ... Nous avons eu une retraite dont tous nous avons été très contents : j'espère qu'elle nous fera du bien. Le P. Le Tallec nous l'a prêchée *énergiquement.*

« Vendredi, j'ai fait la lecture à la conférence Saint-Vincent-de-Paul; chacun la fait à son tour... »

« ... Je me suis fait mettre de l'adoration nocturne. N'aie pas peur que ce soit fatigant : à neuf heures on se réunit à Sainte-Radegonde; après des prières, on tire au sort son heure d'adoration. On se repose dans l'arrière sacristie sur des matelas, avec des couvertures. Le matin, le curé donne la communion. Comme on se repose, il n'y a pas de fatigues... Quand papa viendra, il faudra qu'il voie les fouilles du R. P. de La Croix.

« 24 mai 1882.

« La conférence Saint-Vincent-de-Paul a beaucoup de vie. Je n'ai pas encore de pauvres à visiter; mais le docteur m'a dit qu'il allait m'en donner. Ici on ne fait pas la quête dans un chapeau, comme à Pau, mais dans un... bonnet grec! ce qui excite des rires dans la partie jeune de la réunion...: car il y a la partie des pères de famille et la partie jeune, houleuse dès qu'il s'agit de supprimer une famille; aussi le secrétaire ne l'aime-t-il pas. Le vendredi, nous avons congrégation, et après, conférence de Saint-François-de-Sales... »

« 7 juin 1882.

« ... Nous partons ce soir pour la retraite des anciens élèves...; ce sera quelques jours de moins pour mon examen; mais, d'un autre côté, une retraite fait du bien... »

« 15 juillet 1882.

« ... Le *Clairon* a parlé, à deux reprises, dans ses « Nouvelles judiciaires », de l'affaire de la *Lanterne*. Je pense qu'après cette affaire il va y avoir des difficultés pour laisser papa à la Chambre correctionnelle... »

« 21 juillet 1882.

« ... Je voulais écrire à Noémi pour la Saint-Vincent-de-Paul, et puis j'ai laissé passer le temps. J'avais oublié le jour; j'ai communié le lendemain à cette intention et j'ai prié pour elle. Qu'elle prie bien aussi pour moi ! »

« 29 juillet 1882.

« Je fais en ce moment mes comptes; c'est une chose dure. Je suis effrayé de ce que je vous ai coûté pendant ces trois mois...; et cependant je n'ai rien fait d'extra ni même plus qu'ordinaire, n'ayant jamais été au café ni rien de ce qui fait dépenser... »

« La Boissière, août 1882.

« Mon cher Papa,

« Je voulais t'écrire de Bordeaux, et le temps m'a manqué. Je voulais aussi te demander pardon de mon échec. Je comprends l'ennui que cela vous donne; c'est surtout à cause de vous et des dépenses inutiles que vous avez faites, que je regrette vivement de n'avoir pas été reçu. Pour moi, c'est un ennui et une humiliation. Je recommencerai et je serai reçu...

« Je vais écrire à mon professeur, qui est très bon et s'était beaucoup intéressé à mes leçons et à mon examen Je pense que tu lui ferais plaisir de lui écrire un mot en lui disant que tu as su par moi ses soins, et que ce n'est pas de sa faute si j'ai échoué... C'est aujourd'hui qu'on saura l'examen de mon cousin Charles ; j'espère bien qu'il sera reçu.

« Je suis arrivé ici au milieu d'un dîner de curés... C'était ennuyeux, mais il fallait bien un petit complément d'humiliation à offrir au bon Dieu. »

Aux vacances de 1882, Édouard revint avec nous dans la famille de sa mère en Bretagne. Ces réunions n'étaient plus telles qu'autrefois, et ce faisceau de six enfants avait été durement rompu. René n'était plus là pour les animer par sa vive intelligence, son entrain, sa gaieté ; Noémi nous avait quittés pour revêtir la robe grise des filles de la Charité. Mais la famille serrait les rangs, et le séjour à la campagne, en commun, la réunion des parents donnaient encore quelques douceurs. Édouard en profita, et sa santé s'en trouva bien ; il m'accompagna dans le voyage que je fis à Paris pour voir sa sœur. Je lui fis parcourir rapidement les principales beautés de cette ville ; je le conduisis au Théâtre-Français, où il goûta vivement le plaisir littéraire d'une représentation des *Femmes savantes*.

Il trouvait aussi dans les courses que nous faisions plus d'un souvenir de son frère.

Mais les idées et les préoccupations religieuses l'absorbaient; la vocation de sa sœur, celle qui avait plus particulièrement partagé ses jeux d'enfance, leur avait donné plus de vivacité et en quelque sorte d'acuité. Il visita avec un charme pieux le sanctuaire inachevé de Montmartre, celui de Notre-Dame-des-Victoires, où son frère s'était si souvent agenouillé... Il vit quelques-uns des Pères Jésuites qui l'avaient connu, et dans ce séjour si court il ne voulut pas omettre ses devoirs religieux. Il y avait en lui comme une crainte vague de l'avenir, comme un désir préoccupé de l'infini, comme un aperçu du monde surnaturel dans lequel il devait si prochainement entrer.

Nous revînmes à la campagne, et lorsque je repartis pour le Midi, il resta avec sa mère et sa sœur à Nantes, où les retenait l'attente d'un événement prochain de famille. Il y prolongea même son séjour après leur départ, recevant l'aimable et affectueuse hospitalité de son beau-frère. Il n'y restait pas, du reste, inactif, et prenait quelques répétitions de droit: il n'oubliait pas non plus ses devoirs de charité, faisait partie de la conférence de Saint-Vincent-de-Paul de la paroisse Saint-Similien, et donna deux conférences sur Henri IV aux jeunes apprentis d'un patronage.

En janvier, il revint à Pau.

Il y arrivait dans de douloureuses conjonctures;

la maladie de Noémi faisait des progrès alarmants et rapides ; le pauvre enfant rendait à sa sœur de fréquentes visites à l'hôpital et priait avec elle ; mais qu'elles étaient tristes, si elles étaient douces, ces visites fraternelles ! Autant par délicatesse pour son frère que par amour de la règle, qui jamais ne l'abandonnait, Noémi ne voulait pas qu'il les multipliât ; et lorsqu'une amélioration dans sa santé lui permettait de quitter son lit et l'infirmerie, elle lui rappelait cette règle, à laquelle elle voulait demeurer fidèle. « Maintenant que je suis mieux, et que je puis descendre, lui disait-elle, tu ne viendras que les jours de visite : il faut rentrer dans le règlement. » Et le frère obéissait, non sans peine.

Quelle influence cette maladie exerça-t-elle sur la santé d'Édouard ? Je l'ignore, bien qu'elle ne pût être bonne. On ne lui permettait pas de multiplier ni de prolonger ses visites, et il s'occupait à la préparation modérée du baccalauréat ès sciences ; mais déjà ses forces diminuaient, et bientôt apparurent les premiers et douloureux symptômes du mal cruel qui devait l'enlever.

Des crachements de sang survinrent et l'inquiétèrent ; il fallut le soumettre à des soins et une hygiène spéciaux.

Ses études furent suspendues ; un grand repos fut prescrit. Peines inutiles ! Ses stations au lit se prolongeaient, et nous dûmes souvent quitter celui de Noémi pour aller vers celui de son frère. Il avait cependant été assez bien pour assister à cette imposante et douloureuse cérémonie du 5 mars et entendre sa sœur prononcer, d'une voix affaiblie mais assurée, les vœux qui la faisaient définitivement entrer dans la grande famille de Saint-Vincent-de-Paul. Comment n'en aurait-il pas été profondément ému, comme nous tous? Ce fut une de ses dernières visites à l'hôpital. Il avait dû croire que c'était la dernière, et le frère et la sœur s'étaient donné le baiser du suprême adieu. Il put néanmoins voir plusieurs fois encore Noémi et avoir avec elle quelques doux entretiens : il lui portait, dans ses crises, des objets bénits, s'agenouillait au pied de son lit et priait avec elle. Spectacle touchant, mais bien cruel pour nous que celui de ces deux enfants que la mort allait séparer (pour peu de temps, il est vrai), et dont le chagrin le plus profond n'altérait pas la sérénité. Comment le comprendre, si la main de Dieu ne les avait soutenus ?

« Le mal progressait aussi pour Édouard, et il ne put (faut-il l'en plaindre ?) assister à l'agonie de sa sœur. De nouveaux crachements de sang étaient survenus, et notre excellent docteur l'avait consigné à la maison ; il y restait trop souvent sans nous, alors que parcourions sans cesse, de jour et de nuit, cette voie douloureuse qui de notre maison conduit à l'hôpital. Lorsque, après la catastrophe, nous rentrâmes au milieu de la nuit du 21 mars, nous dûmes lui laisser ignorer notre malheur.

Plus tard, il le sut et pleura... ; mais il ne put

ni venir à l'hôpital, ni assister aux obsèques, que je conduisis seul avec le pauvre Charles, accouru de Tours, et dont les vacances de Pâques furent si cruellement attristées par ces douleurs accumulées...

Cependant, et grâce à un traitement intelligent et énergique, Édouard paraissait s'être remis ; le printemps s'écoula, semblant apporter quelque amélioration, et lorsqu'il partit pour la campagne[1] en juin, il semblait qu'on pût compter sur un rétablissement. Triste illusion qui devait être si cruellement déçue ! L'été se passa bien ; l'automne ramena les parents et amis.

Édouard goûta quelques distractions[2] ; jamais sa patience ne se démentit, et il supportait avec une résignation touchante, aussi bien les mesures souvent pénibles et douloureuses auxquelles depuis plusieurs mois il était soumis, qu'un régime de privations constantes bien dures pour un jeune homme ! Sa piété le soutenait : le moment allait venir où il devrait y puiser les suprêmes ressources.

« Les vacances étaient terminées ; Charles était rentré à Tours après avoir pris congé de son frère, auquel sa présence avait apporté un grand allège-

[1] A la Boissière.

[2] Il ne se faisait cependant pas d'illusion sur son état. En septembre 1883, et lors des grandes manœuvres, l'état-major du régiment de ligne en garnison à Ancenis fut reçu par ma belle-mère. Et, comme elle plaignait les soldats de leurs fatigues : « Ah ! grand'mère, lui dit Édouard, que je voudrais être à leur place !... »

ment et un véritable adoucissement[1]. L'automne s'avançait, et nous avions fixé le départ pour Pau à une date peu avancée, afin d'éviter les premiers froids; j'étais revenu de Tours, où j'avais reconduit Charles. Tout était préparé pour le départ du 9 au matin; les bagages étaient faits pour prendre le train à Clisson.

Le 8, dans la soirée, Édouard était remonté avant nous dans sa chambre (comme il en avait l'habitude), pour se mettre au lit. Quelques instants s'étaient écoulés, lorsque tout à coup nous entendons un bruit inusité; la femme de chambre accourt effarée, criant qu'Édouard était souffrant et appelait à lui. Je gravis à la hâte l'escalier, je me précipite; et, ouvrant la porte de la chambre, je trouve ce malheureux enfant assis dans son lit, inondé de sang et cherchant à l'aide de son mouchoir, qu'il pressait sur sa bouche, à arrêter l'hémoptysie qui l'inondait. « Sainte Vierge! s'écriait-il, je ne puis donc pas guérir. » Puis il appelait par son nom

[1] Voici un extrait de sa dernière lettre à son frère :

« 5 octobre 1883.

« Mon bien cher Charles,

« Depuis ton départ je pense à t'écrire; mais mes aspirations, mon talent d'aquarelliste, m'ont entraîné, et au lieu de t'écrire j'ai fait deux superbes vaches et un magnifique veau qui viennent manger dans la main d'une splendide fermière. Cela ne m'a pas empêché de penser à toi. *J'ai prié Dieu que tu passes une bonne année, pieuse, sérieuse et pas ennuyeuse.* Voilà les trois choses que je te souhaite au début... »

le docteur de Nantes qui lui avait donné ses soins... Je ne m'arrêterai pas sur cette scène cruelle..., sur ce qui fut fait...

Alors commença pour notre pauvre enfant et pour nous-mêmes cette voie lamentable qu'il nous fallut gravir ensemble pendant trente jours!... Cruelle épreuve dans le cours de laquelle Édouard nous donna constamment l'exemple de la plus persistante, de la plus complète résignation à la volonté de Dieu.

Plusieurs fois, dans la nuit et dans la journée suivante, ces horribles vomissements de sang se reproduisirent. Puis, sous l'influence d'une énergique médication, ils cessèrent ou diminuèrent notablement..., et la maladie suivit son cours implacable et lent!

Je n'en dirai pas les détails; ils sont trop douloureux. Jamais, pendant ces longs jours de souffrance, la douce résignation, l'admirable patience d'Édouard ne se démentit un moment. Il accueillait avec un doux visage les visiteurs qui venaient le voir, les remerciait, leur souriait.

Pas une parole amère ne s'échappa de ses lèvres, pas un emportement, pas une impatience. Heureux de l'affectueuse sympathie qu'on lui témoignait, il s'en montrait reconnaissant et en remerciait avec une touchante effusion. Deux fois l'excellent abbé de la Ferrière vint le voir, l'encourager, le consoler; Édouard, qui l'aimait beaucoup, avait désiré sa présence: il en fut vivement touché, et l'en remercia cordialement. Notre dévoué Pasteur ne l'abandonna pas et l'aida constamment à supporter ce lent et douloureux martyre.

Pendant ces longues journées, ces nuits quelquefois plus pénibles encore, Édouard avait à lutter contre des crises douloureuses d'étouffement; il les supportait avec une fermeté vraiment stoïque; on l'entendait murmurer pieusement ses prières, et sa voix haletante ne les laissait souvent échapper qu'avec peine; il formulait alors quelques invocations, quelques oraisons jaculatoires. « *Tu scis*, disait-il d'une voix entrecoupée, *tu scis..., Domine..., quia amo te*[1] *!* » et il invoquait avec confiance l'appui de la sainte Vierge et de ses saints Patrons. Le seul désir qu'il manifesta lorsqu'il se vit en danger fut de revoir son jeune frère Charles, et il le réclama encore peu avant sa mort.

Les médecins étaient étonnés de son courage et admiraient sa fermeté d'âme pour supporter le traitement toujours pénible et souvent douloureux qu'on lui fit subir. Pour sa mère, il était plein d'une tendresse extrême et d'une gratitude infinie; il se montrait touché de l'aide et des services de domestiques affectueux et dévoués... Un jour, et déjà depuis longtemps la maladie durait, et il n'avait pas vu son petit neveu, Jean, qu'il aimait beaucoup, — et il n'osait manifester le désir de le voir; — sa sœur, par une attention délicate, le lui

[1] Vous savez, Seigneur, que je vous aime !

proposa : « Édouard, lui dit-elle, voudrais-tu voir Jean? — Oh! répondit le malade, cela me ferait tant de plaisir! » On lui amena ce petit être chéri, qui lui sourit (il avait sept mois!). Édouard le regarda avec attendrissement et les yeux humectés de larmes, puis il détourna la tête... Il ne devait plus le revoir.

Enfin arrivèrent les derniers jours. Édouard reçut les sacrements : avec quelle piété, je n'ai pas besoin de le dire; mais avec quel calme et quelle sérénité! Il semblait qu'il entrevît déjà le seuil de la cité céleste. Il suivait les prières, s'y unissait, y répondait... Quel spectacle touchant et édifiant! Tous les habitants de la maison, maîtres et domestiques, y assistèrent; tous en ressentirent la même impression et se retirèrent profondément émus.

Le mal s'aggravait de jour en jour.

Nous voulûmes que Charles vît encore son frère, qui plusieurs fois avait réclamé sa présence, car il l'aimait d'un amour profond et tendre. Un exprès fut expédié à Tours et ramena ce malheureux enfant, qui déjà deux fois avait assisté à ces derniers et cruels moments.

Lorsque Édouard le vit entrer, il l'accueillit par de bonnes paroles et de douces plaisanteries : « Eh bien! mon pauvre ami, tu ne t'attendais pas à me trouver en pareil état?... » Et, comme Charles fondait en larmes : « Emmenez-le, » dit Édouard avec calme...

Le soir, l'état du malade devint tout à fait alarmant; il était aisé de le voir : c'était la fin. Mais à ce moment s'affirma plus encore la fermeté d'âme vraiment admirable de ce jeune homme de dix-neuf ans. Il vit venir les derniers instants avec une parfaite sérénité, et sa pureté de conscience lui donna le courage d'aborder en paix sa dernière heure.

Il voulut faire ses adieux à tous, et tous il nous appela successivement près de lui. Nous avions dû réveiller sa grand'mère, son grand-oncle, qu'il remercia de leurs bontés pour lui, en sollicitant leur pardon pour des fautes insignifiantes, puis il nous embrassa les uns après les autres, et s'adressant à son beau-frère, toujours affectueux et dévoué. « Tu as été, lui dit-il, un vrai frère pour moi; je t'en remercie; » et il ajouta : « Je te recommande mon petit frère... » Puis il appela par leurs noms et successivement tous les domestiques, les remercia de leurs bons soins, leur demanda pardon et nous embrassa...

Vers quatre heures, il expirait doucement entre nos bras, en présence du curé, qui ne l'avait pas quitté... René l'attendait depuis quatre ans; Noémi, depuis sept mois à peine. Je fis transporter ses dépouilles mortelles à Pau, et elles y furent déposées près de celles de son frère et de sa sœur.

Et maintenant, reposez tous trois, chers enfants, dans l'éternelle félicité conquise par vos efforts, vos vertus, vos douleurs, vos sacrifices; et priez pour ceux que vous avez laissés sur la terre, pour le père infortuné qui jamais ne vous oubliera !

Sur le tombeau d'Édouard j'ai fait graver ce qui suit :

ICI REPOSE
EN ATTENDANT LA RÉSURRECTION
LE CORPS DE
CHARLES-ALFRED-ÉDOUARD FRANÇOIS-SAINT-MAUR
BACHELIER ÈS LETTRES, ÉTUDIANT EN DROIT
NÉ A PAU, LE 10 AOUT 1864
DÉCÉDÉ A LA BOISSIÈRE-DU-DORÉ (LOIRE-INFÉRIEURE)
LE 9 NOVEMBRE 1883
AGÉ DE DIX-NEUF ANS

In mandata tua dirigebar; omnem viam iniquitatis odio habui.

Domine, tu scis quia amo te.

et sur son souvenir mortuaire on a écrit :

J'écouterai ce que le Seigneur Dieu dit en moi. (*Ps.* XXXIV, 9.)

C'est vous que je cherche, et non vos dons : donnez-vous à moi. (*Imit.* IV, VIII.)

Vous m'avez appelé, Seigneur, et j'ai dit : « Me voici ; » vous m'avez soutenu dans mon innocence, et vous m'avez affermi à jamais devant vous. (*Of. saint Louis de Gonzague.*)

Dieu l'a éprouvé par la souffrance pour le rendre encore plus digne de lui. (*Sag.*)

Il mourut, laissant dans le souvenir de sa mort, non seulement aux jeunes gens, mais à tous, un grand exemple de vertu et de fermeté. (*Macch.*)

Me sera-t-il permis d'ajouter encore, empruntant les paroles d'un illustre prélat :

« Quelle douleur ne nous a pas causé la mort de ces jeunes gens ! Hélas ! nos regrets n'égaleront jamais la grandeur du sacrifice que Dieu a exigé de nous. Mais ces adolescents étaient mûrs pour le séjour des saints, et la terre n'était pas digne d'eux. Quel concert de qualités dans un âge si tendre! Quelle raison! quelle foi! quelle piété! Ils ont rempli de longs jours en peu d'années, parce que leur vie a été pure, innocente, ornée des fleurs de toutes les vertus. N'envions pas au ciel la possession d'âmes si dignes de la compagnie des anges; mais prions Dieu... »

La série de mes épreuves ne touchait pas encore à son terme. Épuisée par tant de secousses physiques et morales, consumée par son amour maternel, par ses regrets, par une souffrance d'autant plus cuisante qu'elle ne s'épanchait pas au dehors, la mère de René, de Noémi, d'Édouard ne tarda pas à succomber. Jusques à la mort d'Édouard elle avait pu résister; la perte de ce troisième enfant mit le comble à ses douleurs, et depuis lors elle s'était affaissée sous le poids d'un chagrin concentré. Elle vivait, on peut le dire, soutenue par sa grande foi, ses éminentes vertus, sa haute piété, mais elle vivait plus avec le ciel qu'avec la terre. Sa conversation était bien avec le monde surnaturel. Frappée à son tour en août 1884, à Nantes, chez sa mère, elle y mourait pieusement après quelques jours à peine de maladie.

Ses dépouilles mortelles reposent dans le cimetière de Pau, près de celles de ses enfants, et j'ai pu, en toute vérité, lui appliquer ces paroles de l'Écriture sainte, dont le résumé est gravé sur sa pierre sépulcrale et reproduit dans ses souvenirs mortuaires :

Les tribulations de son cœur se sont multipliées; elle a toujours tourné les yeux vers le Seigneur. (*Ps.* XXIV.)

Le cœur de son mari a mis sa confiance en elle; elle lui a rendu le bien pendant tous les jours de sa vie. Elle a ouvert sa main à l'indigent; elle a étendu ses bras vers le pauvre. Elle a ouvert sa bouche à la sagesse, et la loi de la clémence a été sur ses lèvres. Son mari et ses enfants se sont levés et ont publié ses louanges. (*Prov.* XXXI.)

Et faisant un retour sur moi-même, ne puis-je aussi dire :

Respice in me, et miserere mei, Domine; quoniam unicus et pauper sum ego : vide humilitatem meam et laborem meum, et dimitte omnia peccata mea, Deus meus. Ad te, Domine, levavi animam meam : Deus meus, in te confido; non erubescam.

J'extrais des nombreuses lettres, témoignages de douloureuse sympathie qui nous furent donnés alors, quelques fragments qui achèveront les portraits que j'ai si mal esquissés, et diront ce qu'étaient, aux yeux de ceux qui les ont connus, Édouard et Noémi.

« ... Une lettre trop redoutée, hélas ! de M. l'abbé de la F., m'apprend que notre pauvre cher Édouard vient d'entrer au ciel. Sous le coup de la plus vive émotion, je me sens comme anéanti par cette cruelle nouvelle. Après m'être courbé devant ce mystérieux arrêt de la Providence, qui m'enlève un de mes plus chers amis, je vous demande la permission de me retourner vers son malheureux père et d'unir ma douleur à la sienne. Oh ! veuillez bien déposer mon suprême adieu au pied de ce lit funèbre où je me représente le pauvre enfant endormi dans le rayonnement de la paix céleste. Oui, la paix céleste ! Il en a bien droit à la pleine possession ; elle lui est assurée par ses vertus, par ses souffrances, par son sacrifice, par la sainteté de sa vie ! Je la demande pour lui de toutes les forces de mon cœur à Notre-Seigneur, qu'il a tant aimé et honoré ; mais je le supplie aussi de vous prendre en pitié et de soutenir encore votre courage dans cette épreuve nouvelle et sans égale.

« Vous savez, Monsieur, par quels liens puissants et doux j'étais attaché à cette chère âme.

« La mise en commun des sentiments, l'attrait réciproque, et surtout l'incontestable ascendant de sa vertu, avaient vite effacé en nous la différence de l'âge. Tous ceux qui l'ont connu ont senti la secrète influence de cette virginité de cœur et de caractère qui commandait le respect et attirait forcément l'affection. Chacun savait quel sens large et fécond il donnait à l'amitié ; voilà pourquoi tous le pleurent aujourd'hui et pourquoi je me sens assuré d'être l'interprète de tant de douloureux regrets. Le temps ne lui a pas été laissé d'éprouver ses généreuses aspirations et ses saints enthousiasmes : sa course était bien pleine et sa couronne bien tressée...

« X. »

« Oh ! mon ami, quelles intelligences, quelles âmes vous possédiez dans vos angéliques enfants, la moitié de votre famille sitôt disparue ; vos amis ne les oublieront pas ; leurs exemples seront féconds. Ils les verront, comme vous les voyez, heureux sans fin et sans mesure, récompensés par une justice et une bonté infinies...

« P D. »

« Ta lettre me consterne. Quoi ! déjà... Pauvre cher Édouard ! si sympathique par toutes ses vertus, sa bonté et sa simplicité ! si bon qu'il s'attirait tous les cœurs. Nous le pleurerons et le regretterons toujours. Son souvenir sera durable en mon âme, car mon affection pour ce cher garçon était profonde. Notre cœur est déchiré.

« MATHILDE. »

« Dieu vous a donc demandé ce nouveau et si cruel sacrifice ! Édouard est allé rejoindre René et Noémi ; et ces trois êtres si charmants et si chers ont déjà quitté ce triste monde, emportant toute votre joie! Je ne les plains pas, car bien jeunes ils avaient beaucoup travaillé pour le ciel... Édouard était si bon, si simple, si heureusement doué que nous l'aimions tous d'une façon toute particulière. J'avais été frappée cet hiver, à son retour de Nantes, en voyant combien il avait encore gagné, tout en conservant une rare et charmante modestie.

« Thérèse. »

« ... Je savais les dons excellents du cœur et de l'esprit qui ornaient Édouard; je les avais vus et appréciés de près. Sous le rapport de la générosité et de l'amour du bien, sa belle âme ne le cédait en rien à celle de René... Quel exemple nous ont donné ces chers morts! Ils se sont éteints en pleine connaissance, brûlant d'un ardent désir d'employer pour Dieu cette sève si vivante qu'ils sentaient en eux, ces talents admirables que leur travail avait si bien développés! Ils étaient des braves, prêts au combat, et le Maître les a rappelés avant l'action! Ils pouvaient penser sans orgueil que d'autres rempliraient leurs places avec moins d'honneur et de profit pour la cause, et cependant sur un geste de Dieu ils les leur ont cédées, simplement et fortement, sans aucun murmure! Que leur sacrifice est grand, et quelle couronne Notre-Seigneur a dû leur donner!... Puissent-ils nous aider à les rejoindre et à arriver avec eux dans ce lieu bénit où il n'y a ni séparation, ni malentendu, ni oubli...

« A. d'A. »

NOTE FINALE

Souvent les forces m'ont manqué pour achever ce travail plusieurs fois commencé, suspendu et repris : il est aisé d'en comprendre la cause. La lecture de ces pièces écrites en des temps moins malheureux a ravivé de cruelles émotions, et fréquemment la plume est tombée de mes mains, et des pleurs ont coulé de mes yeux.

Enfin j'ai pu me remettre à l'œuvre et la terminer en l'abrégeant.

J'ai accompli ma tâche douloureuse ; la mémoire de mes chers enfants ne périra pas tout entière.

EXTRAITS DE JOURNAUX

La mort vient de creuser un nouveau vide dans la famille François-Saint-Maur, déjà si éprouvée. Il y a quelques mois à peine, nous conduisions au tombeau Mlle Noémi Saint-Maur. Aujourd'hui nous apprenons le décès de son frère Édouard.

Depuis longtemps déjà ce fatal dénouement était prévu : une catastrophe était imminente. Mais tous ceux qui connaissaient Édouard cherchaient à écarter loin d'eux la pensée d'un semblable malheur. C'était, en effet, une de ces figures qui semblaient destinées à jouer un rôle influent dans la société. A des avantages physiques incontestables, il joignait les dons les plus solides et les plus brillants de l'esprit et du cœur. Il promettait de continuer l'œuvre de ce frère aîné, naguère emporté, lui aussi, à la fleur de son âge et de son talent. Mais par dessus tout, ce qui contribuait à le rendre sympathique, à attirer vers lui les affections, c'étaient ces qualités du cœur dont la Providence l'avait comblé, la pureté de ses principes, l'exquise délicatesse de ses sentiments, sa charmante affabilité et sa piété angélique.

Depuis plusieurs mois, Édouard ne se faisait plus illusion sur la gravité de son état. Et la pensée d'une mort prochaine, en élevant encore plus son âme, paraissait ajouter à toutes ses belles qualités un charme nouveau, je ne sais quel parfum indéfinissable qui, s'il mettait le glaive au cœur, faisait cependant songer d'une vie meilleure.

Quelle douleur pour des parents de perdre un pareil fils! Devant une si grande affliction toute consolation humaine s'arrête; on ne peut plus que regarder en haut : *Noluit consolari quia non sunt!*

Cet ensemble de qualités du cœur et de l'esprit que je viens de rappeler avaient fait à Édouard de nombreux et véritables amis. Ils aimaient à former pour lui des projets séduisants. Ils le considéraient comme un vaillant champion pour les luttes de l'avenir. Dieu en a décidé autrement! Qu'il me soit permis au nom de tous ceux qui ont connu Édouard, au nom de tous ceux qui l'aimaient, de dire quelle douleur son départ a causé parmi nous. Que Dieu, qui nous l'enlève, nous donne au moins quelques-unes des vertus qui ont fait briller cette existence si courte, mais déjà remplie.

P.

(*Mémorial des Pyrénées*, 13 nov. 1883.)

Vanum est et breve omne humanum solatium.

Le 13 mars 1879, un jeune homme de vingt-trois ans, René Saint-Maur, emportait dans la tombe les regrets et la vénération de tous, ainsi que les plus hautes et les plus légitimes espérances. Une population entière peut dire si nous exagérons.

Cette victime de la mort, déjà riche de savoir et de vertus, avait conquis le premier rang par son travail et ses capacités ; un avenir solide et brillant semblait donc lui appartenir. Hélas ! le maître souverain des destinées humaines en avait décidé autrement ! L'arbre vigoureux qui promettait tant de fruits devait être moissonné dans sa fleur.

Quand l'heure suprême eut sonné, quand la lutte entre la nature et la mort fut déclarée, le pieux René écrivit d'une main ferme cette touchante prière où retentit jusqu'au fond du cœur une note si vraie, si humaine, si déchirante, mais où les aspirations vers une autre patrie finissent par l'emporter :

« Guérissez-moi, Seigneur, je vous en prie, afin que je puisse consacrer ma vie à votre sainte cause.

« Mais si vos adorables desseins sont autres, ô Dieu des miséricordes, donnez-moi votre grâce, donnez-moi de vous faire avec résignation, avec joie, avec amour et reconnaissance, le sacrifice de moi-même.

« O mon Dieu ! si je dois être un fidèle enfant, un serviteur dévoué de votre Église, laissez-moi vivre, *ne revoces me in dimidio dierum meorum...*

« Mais si, mon Dieu, je devais déserter ou trahir votre sainte cause, prenez-moi dans la virginité de ma foi et de ma jeunesse. »

Et quelques jours plus tard, ce digne et brave jeune homme, cet élu retournait au ciel, avec les anges, ses frères : *Jubeas eum a sanctis angelis suscipi et ad patriam paradisi perduci.*

Quatre ans après, une jeune vierge se hâtait de quitter la terre pour aller rejoindre ce frère bien-aimé. Au mois de mars dernier, le jour du vendredi saint, nous suivions le convoi de sœur Noémi Saint-Maur, décédée à l'hospice de Pau, où elle venait de se consacrer au soulagement des misères humaines en qualité de fille de Saint-Vincent-de-Paul. Cette sainte personne, douée de la plus belle âme, avait renoncé aux joies de ce monde afin d'offrir au Seigneur son cœur virginal et ses vingt ans : admirable sacrifice que peut seule inspirer une religion d'humilité, de charité et d'amour.

Aujourd'hui c'était le tour d'une troisième victime dans cette même famille, si fréquemment et si cruellement éprouvée. Le pauvre père, la mère désolée avec leurs filles et le dernier des fils conduisaient à sa dernière demeure Édouard Saint-Maur, enlevé à leur affection et aux sympathies générales au moment où il entrait dans la vie sociale pour y prêcher d'exemple en faisant le bien.

Le pauvre et cher Édouard offrait, en effet, le modèle d'un jeune homme accompli. Comme son frère René, il joignait à un extérieur avantageux et séduisant tous les dons de l'esprit et du cœur; on voyait l'aîné revivre en lui, par l'intelligence et les qualités précieuses d'une nature supérieure. L'exquise délicatesse de ses manières et de ses sentiments, son affabilité, sa piété angélique attiraient vers lui l'affectueuse estime de tous ceux qui le connaissaient. C'était une de ces créatures d'élite que le ciel semble envier à la terre.

Dieu l'a rappelé à lui, afin de lui épargner le reste du chemin, et mettre sur sa jeune tête la couronne des vaillants privilégiés, qui n'ont pas attendu le nombre des années pour aimer, combattre, souffrir et mourir. Il a reçu sa récompense; félicitons-le, sa place était marquée dans le ciel. Mais plaignons les parents accablés qu'il laisse derrière lui.

Quand la mort frappe ainsi à coups redoublés sur une famille, que peuvent et que valent toutes les consolations de la terre : *vanum omne humanum solatium.*

Assurément M. et Mme François-Saint-Maur ont placé plus haut leurs espérances. Ils savent qu'il faut, au milieu des ouragans de la vie, la résignation du saint homme Job, et dire avec lui : Seigneur, vous me les aviez donnés, ces chers enfants qui faisaient mon orgueil, ma joie et mon espoir, votre impénétrable et sévère justice me les enlève; *que votre nom soit béni! que votre volonté s'accomplisse!*

Quoi que nous puissions faire, la science et la sagesse humaines n'ont encore rien trouvé de mieux pour consoler les cœurs affligés. Regarder le ciel, croire et espérer : voilà le seul refuge en si cruelles épreuves.

Si quelque chose était capable de soulager la douleur de Mme Saint-Maur et du président à la Cour d'appel, ce seraient les sympathies ardentes et universelles de la population paloise. A chacune des catastrophes dont nous venons de parler, les témoignages de condoléance attestaient dans tous les rangs de la société comme un deuil public. Aussi bien, toutes les classes étaient-elles représentées aux funèbres cérémonies. Parmi les membres de la magistrature et du barreau, plusieurs officiers de la garnison et toutes les notabilités de la ville, on pouvait remarquer dans le cortège beaucoup d'ouvriers des Cercles catholiques et de pauvres.

Quand donc la mort impitoyable cessera-t-elle de frapper ses coups redoublés sur les membres d'une même famille! En fut-il jamais une plus éprouvée?

C'est la douloureuse réflexion qui sortira de toutes les bouches, ou plutôt de tous les cœurs, en apprenant le trépas de la digne compagne de l'ex-président, M. François-Saint-Maur, qui vient de rendre le dernier soupir, à Nantes, au milieu de ses enfants.

Qui ne connaissait à Pau l'excellente Mme Saint-Maur, le type parfait ici-bas de la piété angélique et de l'inépuisable charité? Sa grande modestie n'avait pu la dérober à la réputation si légitime de femme de bien, de mère des pauvres. Sa haute intelligence, son éducation parfaite étaient au niveau de la bonté de son cœur. Mme Saint-Maur pouvait dire depuis longtemps, comme sainte Thérèse : *Nostra conversatio in cœlis est.* Dieu ne lui avait pas ménagé les épreuves; elle les avait supportées avec ce courage surhumain que la foi seule peut donner. Trois de ses enfants, qui faisaient sa gloire et son amour, l'avaient précédée dans la tombe. Ses dernières pensées ont dû aller de la terre au ciel, dans une lutte mystérieuse, entre ceux qu'elle laisse et ceux qu'elle va rejoindre, là-haut auprès de Dieu.

Il nous a été donné, c'est un honneur, un bonheur et une leçon que nous n'oublierons point, de connaître et d'apprécier celle dont nous apprenons la mort avec une profonde et sincère douleur. Nous mêlons nos larmes aux larmes de sa famille; nous partageons son deuil et ses regrets.

Il est un lien sacré entre ceux qui gémissent sur la terre et les saints qui chantent l'*hosanna* au plus haut des cieux; ce lien, c'est la charité, qui se trouve dans ce lieu d'exil aussi bien que dans la céleste patrie, qui réjouit les saints, qui triomphe et anime ceux qui combattent; c'était la force de la regrettée défunte, et ce sera sa récompense avec les anges.

(*Moniteur des Pyrénées*, 3 sept. 1884.)

C'est sous le coup d'une poignante et sincère émotion que nous traçons ces lignes. Ce matin, à neuf heures, nous avons accompagné à sa dernière demeure la dépouille mortelle de la très regrettée Mme François-Saint-Maur : une foule considérable, où se trouvaient confondues, dans le même sentiment d'ardents regrets et de douloureuses sympathies, toutes les classes de la société, escortait le corbillard de celle qui, non contente d'être le modèle des épouses et la plus tendre des mères, consacra son cœur et son intelligence au soulagement des misères humaines, réalisant ainsi dans sa vie le type du divin crucifié, dont elle avait constamment l'exemple sous les yeux : *Transiit benefaciendo.*

Il y a trois jours, nous avons dit quelques mots sur la vie si sainte de cette noble femme. L'arbre, ayant donné sa récolte, s'est desséché et est tombé; l'épouse chrétienne, la mère admirable, avait achevé sa tâche; elle a entonné le *Nunc dimittis* du patriarche, et Dieu l'a entendue! En rappelant à nouveau l'ardente charité et les exquises délicatesses de cette âme, entrée aujourd'hui dans la paix du Seigneur, nous craindrions d'augmenter les souffrances de ceux qu'elle a si brusquement quittés alors que rien ne pouvait faire prévoir une si prochaine catastrophe.

Seuls sont à plaindre ceux qui restent!

Que M. le président Saint-Maur compte les mains loyales qui ont, ce matin, serré cordialement la sienne!

Ce sera sa consolation de penser que les sanglots qui lui serrent la poitrine ont trouvé un écho dans le cœur de tous ceux qui ont eu le triste honneur de l'assister dans cette nouvelle et si cruelle épreuve.

(*Moniteur des Pyrénées,* 7-8 sept. 1884.)

Mme François-Saint-Maur, née Octavie de la Giraudais, vient de succomber à une maladie qui la minait lentement, et dont les soins les plus tendres n'ont pu la guérir.

C'était, par le cœur comme par l'esprit, une femme véritablement accomplie, et ses amis en deuil la pleurent à l'égal de sa si digne mère, de son mari désolé, de ses enfants atteints dans ce qu'ils avaient de plus précieux et de plus cher.

Après avoir traversé les épreuves de la vie comme une sainte, elle est morte comme une martyre, laissant après elle un parfum d'exquises perfections.

(*Union Bretonne,* 3 sept. 1884.)

On nous annonce une bien triste nouvelle. Mme François-Saint-Maur vient de mourir à Nantes, après quelques jours de maladie.

Ce coup terrible et imprévu produira dans notre ville une pénible impression. Les pauvres, en particulier tous ceux, et ils sont nombreux, qui avaient éprouvé les effets de la bonté de Mme Saint-Maur, n'apprendront pas sans douleur la mort de leur bienfaitrice. Mieux que nous, ils pourraient dire quels trésors de piété, de vertus renfermait cette âme d'élite. Nous ne voulons pas tenter cet éloge funèbre. Nous craindrions, en soulevant le voile qui dérobait à la foule les mérites de celle qui n'est plus, de raviver la douleur de ceux qui restent. Et puis, n'est-il pas des cas où les paroles de deuil et de regrets doivent elles-mêmes garder le silence? Nous nous bornerons donc à exprimer à cette honorable famille si cruellement éprouvée les sentiments de regrets et de sympathie que nous cause le nouveau malheur dont elle est la victime.

(*Mémorial des Pyrénées*, 4 sept. 1884.)

Une nouvelle aussi imprévue que douloureuse s'est répandue dans notre ville, où elle a causé une bien pénible surprise. Mme François-Saint-Maur, qui venait de quitter notre pays depuis très peu de temps, est morte presque au moment où elle allait, avec sa famille, rentrer dans le Béarn. Une cruelle et impitoyable maladie est venue en quelques jours l'enlever à l'affection des siens, aux sympathies profondes de tous ceux — et ils étaient nombreux — qui avaient appris depuis longtemps à l'estimer, l'aimer et l'admirer.

Mme François-Saint-Maur était dans notre ville l'ange de la charité, la personnification saisissante du dévouement sans bornes à toutes les œuvres chrétiennes, auxquelles elle ne ménageait ni ses forces ni sa générosité. C'est assez dire combien elle comptait d'amis au sein de toutes les classes de la société. Sa piété profonde, aimable pour les autres, gardait toutes les sévérités pour elle-même. La délicatesse de sa conscience était presque excessive; l'ombre d'une imperfection l'effrayait. Nous n'avons pas besoin de dire ce que fut la mère de famille.

La perte de cette sainte femme sera vivement ressentie par tous ceux qui ont pu l'apprécier. Pour nous qui avons déjà eu plus d'une fois la triste et pénible occasion de nous associer aux nombreux deuils de cette famille si cruellement éprouvée, nous nous inclinons devant cette tombe qui vient de s'ouvrir pour la troisième fois depuis trois ans.

(*Écho religieux.*)

APPENDICE

Dans le livre contenant une biographie et des extraits des œuvres de René, on a inséré quelques fragments de la lettre de saint Jérôme à Héliodore sur la mort de Népotien.

Cette lettre est si belle, si élevée, si chrétienne, elle s'applique si bien à mes chers défunts et à l'époque où nous vivons, que je crois pouvoir me permettre d'ajouter ici des extraits plus développés et traduits en français.

LETTRE DE SAINT JÉROME A HÉLIODORE

SUR LA MORT DE NÉPOTIEN

Mon cher Népotien, notre ami, ou plutôt celui du Christ, et à cause de cela, bien plus le nôtre, nous a donc quittés ! Il nous laisse, accablés par l'âge, plus accablés encore de la douleur inconsolable de l'avoir perdu. Nous croyions qu'il serait notre héritier, et nous pleurons sa mort. Je suis consterné, ma main tremble, mes yeux se voilent, ma langue balbutie. Si j'ouvre la bouche, Népotien ne m'entendant plus, il me semble que je ne parle à personne... Chaque fois que j'essaye de proférer une parole et de jeter quelques fleurs sur son tombeau, mes larmes recommencent à couler, ma douleur se renouvelle, et je m'abîme dans mon deuil.

C'était jadis l'usage de faire aux Rostres l'éloge de ses parents défunts et d'exciter, comme par un chant lugubre, les pleurs et les gémissements des auditeurs. Mais aujourd'hui les choses ont bien changé pour nous, et la nature, dans notre malheur, a perdu ses droits. Le devoir que le jeune homme eût dû rendre aux vieillards, c'est nous qui le lui rendons. Que faire cependant? Mêlerai-je mes larmes aux vôtres ? Mais l'Apôtre le défend quand il dit des chrétiens morts qu'ils sommeillent; et le Seigneur dans l'Évangile: *La jeune fille n'est pas morte, mais elle dort*... Me réjouirai-je, au contraire, parce qu'il *a été enlevé de peur que le mal ne vînt à changer son âme, car elle avait plu à Dieu?* Mais malgré moi les larmes inondent mon visage, et ni les vertus de Népotien, ni l'espoir de la résurrection n'empêchent mon cœur d'être brisé. O mort! dure et cruelle mort, qui sépare les frères et ceux qu'unissait l'amitié!...

Nous le savons, notre cher Népotien est avec Jésus-Christ, il est mêlé aux chœurs des Anges, et contemplant de près ces biens immortels qu'ici-bas, avec nous, il n'entrevoyait que de loin, il les voit maintenant de près et s'écrie: « Ce qu'on nous a annoncé, je le vois dans la cité du Seigneur mon Dieu. » Mais nous ne pouvons supporter le regret de son absence, et ce n'est pas sur lui, c'est sur nous que nous pleurons. Plus son bonheur est grand, plus grande notre douleur d'avoir perdu un tel ami. Les sœurs de Lazare pleuraient leur frère, qu'elles savaient devoir ressusciter un jour, et le Sauveur lui-même, pour mieux exprimer les sentiments humains, pleura celui qu'il allait rappeler à la vie...

Et combien plus vos entrailles d'oncle et d'évêque, c'est-à-dire deux fois père, selon la chair et selon l'esprit, ne doivent-elles pas être déchirées par cette cruelle séparation! Mais, je vous en supplie, mettez des bornes à votre douleur... et écoutez les louanges de celui dont les vertus vous ont toujours causé tant de joie; ne vous plaignez plus d'avoir perdu un tel fils; réjouissez-vous de l'avoir possédé.

. . . .

En dirai-je davantage? Il devint clerc, et, après avoir passé par les degrés ordinaires, il fut ordonné Prêtre... Comprenant que le sacerdoce était non un honneur, mais un fardeau, il s'efforça tout d'abord, par son humilité, d'imposer silence à l'envie. Pour ne donner aucune prise aux bruits fâcheux, et pour étonner par sa réserve ceux que son âge offusquait, il se fit le serviteur des pauvres, le visiteur des malades, les recevant, adoucissant leurs peines, gai avec les joyeux, pleurant avec ceux qui pleuraient. Il était le bâton des aveugles, le pain des indigents, l'espoir des malheureux, la consolation des affligés. Il possédait à un si haut degré chaque vertu, qu'on eût cru qu'il n'en avait pas d'autres. Au milieu des prêtres ses égaux, il était le premier au travail et toujours au dernier rang; tout le bien qu'il faisait, il le rapportait à son oncle...; la grâce de son visage tempérait l'austérité de ses mœurs; son sourire manifestait une joie toujours décente et sans éclat... Rentré dans le secret de sa demeure, assidu aux longues prières et aux veilles, c'est à Dieu et non aux hommes qu'il offrait ses larmes...

Dans la conversation,... il écoutait avec docilité, répondait avec modestie, s'attachait au vrai, réfutait le faux sans acrimonie, cherchant plutôt à instruire son adversaire qu'à le confondre, citant toujours, avec une modestie qui ajoutait à sa grâce, les autorités sur lesquelles il s'appuyait, et prouvant ainsi son érudition alors même qu'il cherchait à la dissimuler...

D'où lui venait son ardeur de l'étude, si ce n'est de l'amour de Dieu? D'où cette continuelle méditation de la loi du Christ, sinon de son dévouement à Celui dont émane la loi? Il ne recherchait que les livres; s'il se méprisait dans sa chair, s'il allait orné de sa sainte pauvreté, c'est que tous ses efforts tendaient à l'ornement de son âme...

O misère de la condition humaine! ô vanité de toute vie qui n'est pas pour Jésus-Christ. Pourquoi reculer? Pourquoi hésiter à aborder ce récit? Comme si nous pouvions différer sa mort et prolonger sa vie en craignant d'en aborder le terme! « Toute chair est comme l'herbe, et toute gloire comme la fleur des champs. » Où donc est maintenant ce noble visage? cette dignité du corps dont la beauté de l'âme était enveloppée comme d'un beau vêtement? Hélas! ce lis se fanait sous un souffle brûlant, et l'éclat coloré de cette violette peu à peu pâlissait. Les ardeurs de la fièvre le brûlaient et épuisaient ses veines, et d'un souffle oppressé il consolait son oncle, plongé dans la tristesse. Son visage conservait sa gaieté, et seul il souriait au milieu de ceux qui l'entouraient en pleurant. Écartant son *pallium,* il tendait la main, apercevait ce que d'autres ne voyaient pas, et se dressant comme pour se lever, saluait ceux qui entraient. On eut dit, non qu'il allait mourir, mais s'éloigner; non qu'il perdait ses amis, mais qu'il en changeait. Je sens couler mes larmes, et malgré ma fermeté d'âme je ne puis dissimuler ma douleur. Qui croirait qu'en un pareil moment il se fût souvenu de moi, et ressentît encore, dans la lutte suprême de son âme, les charmes de ses études?

Ayant pris la main de son oncle: « Cette tunique, dit-il, dont je me servais dans mon ministère sacré, envoyez-la à mon très cher ami, mon père par l'âge, mon frère dans le sacerdoce, et tout l'amour que vous aviez pour votre neveu, reportez-le sur celui que vous aimiez avec moi. » En prononçant ces paroles, il succomba, tenant encore la main de son oncle.

Vous n'auriez pas voulu, je le sais, devoir à un tel malheur les témoignages d'affection de vos concitoyens; ils vous eussent plu dans la prospérité. Mais si ce devoir de piété cause plus de joie dans le bonheur, il fait plus de bien dans le malheur. Toute la cité, toute l'Italie l'a pleuré. La terre a reçu son corps, et son âme a été rendue au Christ.

. . . .

Mais il nous faut méditer sur ce que nous serons un jour, et bientôt, bon gré, mal gré. Entre celui qui a vécu dix ans et celui qui en a vécu mille, quand tous deux sont parvenus au terme et que le moment de l'inexorable mort est arrivé, il n'y a plus de différence, si ce n'est que le vieillard arrive chargé d'un poids plus lourd de péchés...

Triomphez donc, autant et même plus que vous ne pouvez, de la faiblesse de votre cœur, et réprimez ces larmes abondantes, de peur que votre grande affection pour votre neveu ne paraisse aux yeux des incrédules un défaut de confiance et d'espoir en Dieu. Regrettez-le comme un absent, non comme un mort, comme l'attendant, non comme s'il était perdu pour toujours...

Mais que fais-je? et pourquoi essayer d'adoucir une douleur que votre raison a déjà dû calmer? Pourquoi ne vous rappellerais-je pas plutôt les misères récentes des princes, et les calamités de notre temps; elles sont telles, qu'il faut non pas plaindre, mais féliciter celui qui, perdant la vie, a échappé à tant de maux.

Constance, ce fauteur de l'hérésie arienne, alors qu'il se prépare au combat et marche contre ses ennemis, meurt dans le petit bourg de Mopsus, laissant avec douleur l'empire à son adversaire; *Julien*, qui lui-même a trahi son âme et fait égorger l'armée chrétienne, retrouve en Médie ce Christ qu'il avait renié en Gaule; et, loin d'étendre selon ses désirs les limites de l'empire, perd les frontières déjà conquises; à peine *Jovinien* a-t-il goûté les douceurs du pouvoir suprême, qu'il meurt asphyxié, montrant à tous ce que vaut la puissance humaine; *Valentinien*, après avoir vu ravager son pays natal, l'abandonne sans le venger, et meurt d'un vomissement de sang. *Valens,* son frère, vaincu par les Goths en Thrace, y trouve à la fois la mort et son tombeau. *Gratien,* trahi par son armée, repoussé par les villes, devient le jouet de ses ennemis; et tes murailles, ô cité de Lyon, portent les traces sanglantes de la main qui le mit à mort!

Le jeune *Valentinien,* presque un enfant encore, après la fuite, après l'exil, après l'empire recouvré dans le sang, est massacré non loin de la ville témoin de la mort de son frère, et son cadavre est déshonoré par la suspension à un gibet.

Que dirai-je de *Procope,* d'*Eugène,* de *Maxime,* qui, lorsqu'ils avaient le pouvoir suprême, étaient la terreur des peuples? Tous captifs, ils ont paru devant leurs vainqueurs et (comble de misère pour des hommes jadis tout-puissants) ont subi les humiliations de la servitude avant de tomber sous le fer.

Mais, peut-être dira-t-on : C'est la condition des rois, et ce sont les sommets que frappe la foudre. J'arriverai alors à parler des dignités secondaires, et pour ne pas remonter au delà de deux ans, laissant de côté de nombreux exemples, je me contenterai de décrire les diverses catastrophes de trois consulaires. *Abundantius,* tombé dans l'indigence, est exilé à Pityonte. A Constantinople, on porte au bout d'une pique la tête de *Ruffin,* et sa main droite coupée s'en va (châtiment de son insatiable avarice) mendiant de porte en porte; *Timasius,* précipité subitement des plus hautes dignités, s'estime heureux de vivre obscur et humilié à Assa. Mais ce ne sont pas les misères de quelques malheureux, c'est la fragilité même de l'humaine condition que je veux vous montrer. L'âme est remplie d'horreur à la vue des ruines de notre temps. Voici vingt ans et plus que, de Constantinople aux Alpes Juliennes, tous les jours le sang romain est répandu à flots. Le Goth, le Sarmate, le Quade, l'Alain, le

Hun, le Vandale, le Marcoman, ont envahi la Scythie, la Thrace, la Macédoine, la Grèce, la Dacie, la Thessalonique, l'Achaïe, l'Épire, la Dalmatie, toutes les Pannonies, et les dévastent, les pillent et les ruinent. Que de matrones, que de vierges consacrées à Dieu, que de femmes libres et de haute naissance furent le jouet de ces bêtes féroces ! Les évêques sont captifs; les prêtres et les clercs sont massacrés, les églises renversées, les reliques des martyrs dispersées, les sanctuaires du Christ transformés en écuries. Partout le deuil et les gémissements; partout l'image de la mort. Le monde romain s'écroule, et notre tête orgueilleuse ne fléchit pas. Quel doit être, à votre sens, l'abattement de Corinthe, d'Athènes, de Sparte, de l'Arcadie, de la Grèce entière, tombée au pouvoir des barbares? Et je n'ai nommé que quelques villes célèbres par leur ancien et illustre rang. L'Orient paraissait préservé de ces maux, et n'avait été consterné jusqu'à présent que par ces terribles nouvelles. Mais voici que l'année dernière, du sommet des rochers du Caucase, sont venus fondre sur nous les loups non de l'Arabie, mais du Nord, et en peu de temps ils ont parcouru ces provinces. Que de monastères envahis ! Que de fleuves dont l'eau a été rougie par le sang humain ! Antioche a été assiégée, et les villes qu'arrosent l'Halys, le Cydnus, l'Oronte et l'Euphrate. Les barbares ont emmené des troupeaux de captifs : l'Arabie, la Phénicie, la Palestine, l'Égypte, sont sous le joug de la peur. Non, quand j'aurais cent bouches et cent langues, et une voix de fer, je ne pourrais énumérer nos douleurs.....

Je ne me suis pas proposé d'écrire des annales, mais seulement de verser quelques larmes sur nos misères. Pour en raconter dignement l'histoire, Thucydide et Salluste ne suffiraient pas.

Heureux Népotien, de ne pas voir ces malheurs, et de n'en pas entendre parler ! Malheureux, nous qui les subissons, ou les voyons subir à nos frères !

Et cependant nous voulons vivre, et nous plaignons, au lieu de les féliciter, ceux qui en sont affranchis! Dieu est depuis longtemps offensé par nous; nous le sentons, et ne faisons rien pour apaiser sa colère. Ce sont nos péchés qui font la force des barbares. Ce sont nos vices qui font succomber l'armée romaine; et comme si ce n'était pas encore assez de ces désastres, le glaive des guerres civiles fait encore plus de victimes que l'épée des ennemis. Malheureux étaient les Israélites, en face desquels Nabuchodonosor a pu être appelé le serviteur de Dieu; plus malheureux sommes-nous, qui avons tant déplu à ce Dieu, qu'il a pris les barbares pour instrument de ses vengeances... Si nous voulons être relevés, prosternons-nous. O honte, ô stupide incrédulité! l'armée romaine, victorieuse et maîtresse de l'univers, est vaincue, épouvantée, terrifiée par l'aspect seul de ceux qui ne sauraient sans crainte descendre de leurs chevaux, et se croient perdus s'ils mettent pied à terre.

Et nous ne comprenons pas cette parole du prophète : *Mille fuiront devant un seul.* Et nous ne tranchons pas les causes de la maladie pour la faire disparaître aussitôt, et voir enfin les flèches le céder aux piques (*Pilum*), les tiares aux casques, et les cavales barbares à nos coursiers.

Mais nous avons dépassé les bornes; et alors que nous ne voulions pas pleurer la mort d'un seul, nous avons pleuré les morts du monde entier. . Revenons à nous-mêmes... Le seul gain qui nous reste, c'est d'être unis dans l'amour de Jésus-Christ. La charité, dit l'Apôtre, ne meurt pas. Elle vit à jamais dans nos cœurs. C'est par elle que Népotien, bien qu'absent, est présent pour nous, et que nos mains se pressent, malgré les distances qui les séparent.

C'est le gage de notre charité réciproque. Unissons-nous par l'esprit, étreignons-nous par l'affection; et cette force, que le bienheureux évêque Chromatius montra à la mort d'un frère, montrons-la dans la perte d'un fils. Que nos lettres, que tous nos écrits parlent de lui; que celui que nous ne pouvons plus voir soit toujours dans notre souvenir; et si nous ne pouvons plus nous entretenir avec lui, ne cessons jamais d'en parler.

FIN

16301. — Tours, impr. Mame.

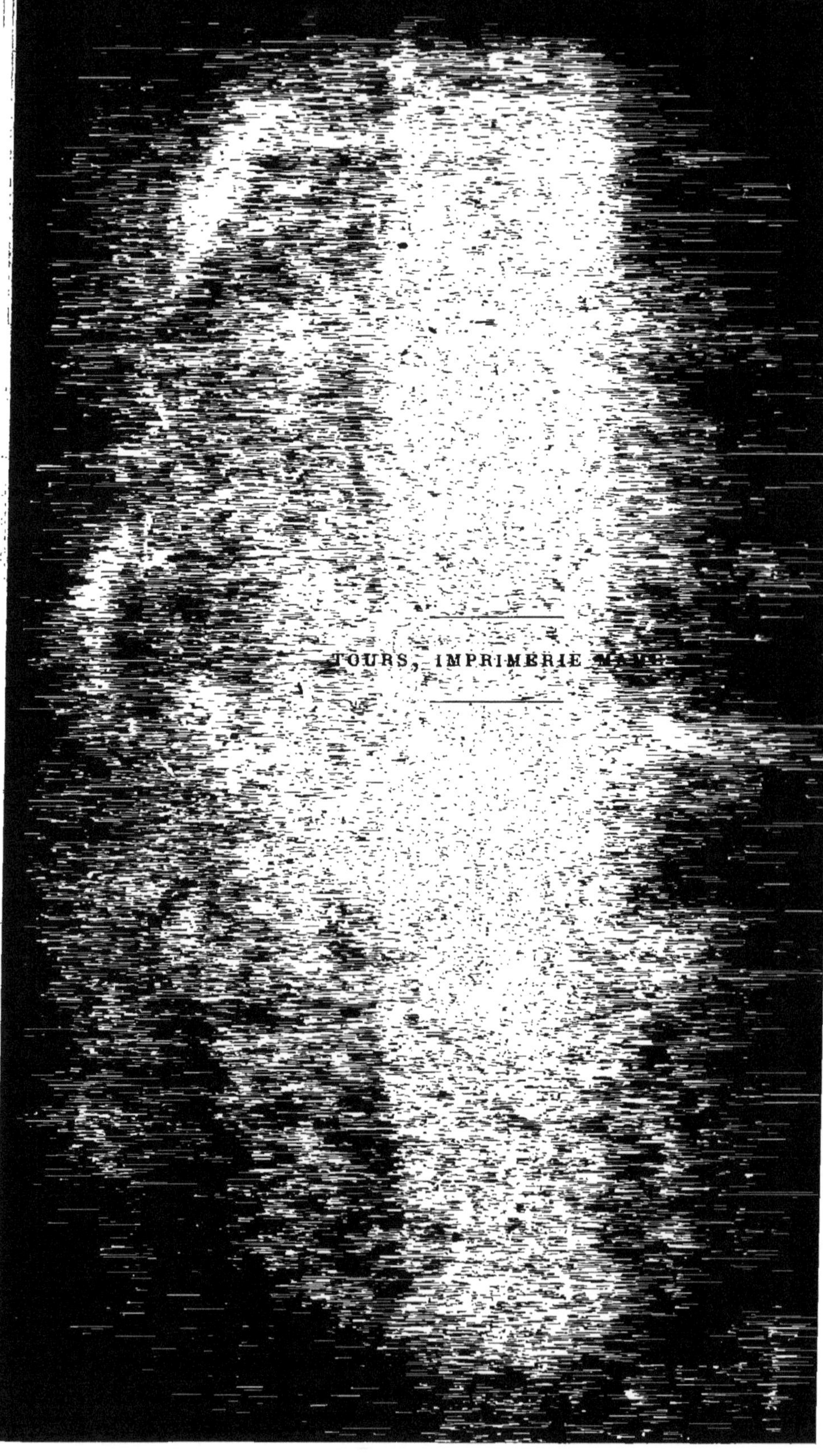

TOURS, IMPRIMERIE MAME

www.ingramcontent.com/pod-product-compliance
Ingram Content Group UK Ltd.
Pitfield, Milton Keynes, MK11 3LW, UK
UKHW012039240726
13965UKWH00003B/918

9 782013 074445